FACULTÉ DE DROIT DE PARIS.

THÈSE
POUR LE DOCTORAT

PAR

HENRI LOUBERS

AVOCAT,
Licencié ès lettres.

DES DOMMAGES-INTÉRÊTS

RÉSULTANT

DE L'INEXÉCUTION DES OBLIGATIONS CONVENTIONNELLES

(QUI N'ONT POINT POUR OBJET UNE SOMME D'ARGENT.)

PARIS

IMPRIMERIE DE E. DONNAUD,

RUE CASSETTE, 9.

1864

FACULTÉ DE DROIT DE PARIS.

THÈSE

POUR

LE DOCTORAT

L'ACTE PUBLIC SUR LES MATIÈRES CI-APRÈS SERA SOUTENU

Le mercredi 8 juin à 2 heures.

EN PRÉSENCE DE M. L'INSPECTEUR GÉNÉRAL GIRAUD,

PAR

HENRI LOUBERS

AVOCAT

LICENCIÉ ÈS LETTRES

DES

DOMMAGES ET INTÉRÊTS

RÉSULTANT DE L'INEXÉCUTION DES OBLIGATIONS CONVENTIONNELLES

(QUI N'ONT POINT POUR OBJET UNE SOMME D'ARGENT)

PRÉSIDENT : **M. DEMANGEAT,**

SUFFRAGANTS { MM. VALETTE, COLMET-D'AAGE, DURANTON, } Professeurs.
LABBÉ. agrégé.

Le candidat répondra en outre aux questions qui lui seront adressées
sur les autres matières de l'enseignement.

PARIS

IMPRIMERIE DE E. DONNAUD

RUE CASSETTE, 9.

1864

A MON PÈRE

A MA MÈRE

DES

DOMMAGES ET INTÉRÊTS

RÉSULTANT DE

L'INEXÉCUTION DES OBLIGATIONS CONVENTIONNELLES

(QUI N'ONT POINT POUR OBJET UNE SOMME D'ARGENT)

Cum pro eo quod interest, dubitationes antiquæ in infinitum productæ
sint : melius nobis visum est, hujus-
modi prolixitatem, prout possibile
est, in angustum coarctaré.

(JUSTINIEN, *L. unic. Cod. de sententiis quæ pro
eo quod interest, proferuntur.* VII, XLVII.)

INTRODUCTION.

Le titre de notre dissertation indique clairement la nature du sujet que nous voulons y traiter. Cette introduction pourrait donc paraître superflue. Aussi bien, sera-t-elle plutôt préparatoire qu'explicative, et servira-t-elle seulement à faire connaître le but de nos longues recherches.

La première idée qui se présente à l'esprit, au seul mot de dommages et intérêts, c'est l'idée philosophique de réparation. Elle réveille de généreux sentiments,.de nobles pensées, même chez qui n'est point jurisconsulte.

Mais pour quiconque se livre à une étude sérieuse et approfondie du droit, s'il est dans cette vaste science une théorie essentielle et féconde, n'est-ce point celle des contrats, des obligations qui en dérivent, de leur exécution et de tout ce qui s'y rattache ?

Pour tous enfin, est-il une expression juridique dont on fasse un plus fréquent usage dans la langue vulgaire, que celle de dommages-intérêts ?

En est-il une qui se retrouve plus souvent dans les dispositions de nos codes ?

Notre sujet a donc un intérêt pratique qui s'affirme et ne se discute pas ; mais il a de plus un intérêt d'actualité.

Que s'il faut abriter ici notre assertion derrière un nom illustre, on nous permettra d'invoquer le témoignage du grand jurisconsulte de l'Allemagne contemporaine et d'emprunter quelques lignes à son dernier ouvrage récemment traduit :

« La pratique générale des affaires au temps actuel, » écrivait M. de Savigny, « donne une importance » évidemment progressive à l'influence du droit des » obligations plutôt qu'aux autres parties du droit : » c'est par lui en effet que les tendances et les nécessités de notre époque reçoivent de préférence leur » satisfaction. »

A l'intérêt d'actualité se joint encore l'intérêt scientifique. L'auteur continue :

« Ensuite les idées juridiques et les principes des » Romains ont conservé une efficacité reconnue dans » le droit des obligations plutôt que dans les autres » parties du droit. »

Cette pensée se passe de tout commentaire ; donner des développements à ce sujet, ce serait s'exposer à des redites, avec moins d'autorité.

Que n'a-t-on pas écrit, en effet, dans tous les temps et dans toutes les langues sur la supériorité des jurisconsultes romains en matière de contrats, sur la sûreté de leurs analyses, sur leur sentiment exquis des nuances juridiques? Louanges éternellement justes, mais qui, pour n'avoir rien perdu de leur vérité, ont perdu peut-être de leur à propos. Aussi, vaut-il mieux montrer, sous un autre rapport, l'intérêt scientifique de notre travail.

« Le droit romain, » a dit Championnière, « s'est » introduit dans la jurisprudence des fiefs par les déci- » sions sur les contrats, sur leurs dénominations, sur » leurs effets, sur leur interprétation et sur l'exécution » qu'ils doivent avoir ; puis, à la suite et comme par » une brèche, il a fait successivement pénétrer des » principes étrangers aux conventions. »

En résumé, et pour ne point prolonger ce préambule, le sujet que nous avons choisi nous paraissait à tous égards digne d'être médité. Indépendamment de son caractère philosophique, la triple consécration de la pratique, de l'actualité, de la science, le recommandait à nos études.

DROIT ROMAIN.

Préliminaires et division du sujet.

En droit romain, une théorie des dommages et intérêts présente, tout d'abord, une sérieuse difficulté d'exécution. Le *corps du droit civil* n'a point consacré de titre spécial à cette importante matière. Toutes les dispositions qui la concernent se trouvent éparses dans le Digeste ou le Code, confusément et comme au hasard. Il est difficile de découvrir le lien qui les rattache les unes aux autres, de dégager les principes qui les dominent. Les interprètes ne sont pas d'un grand secours. Dumoulin lui-même, car son nom se présente tout de suite à la pensée, n'a point jeté, comme on pourrait le croire, de vives clartés sur ce dédale parfois obscur des lois romaines. Le traité *De eo quod interest* manque sinon d'une vaste érudition, du moins d'esprit scientifique et surtout de méthode. C'est une œuvre de controverse plutôt que de doctrine ; on y trouve des documents curieux plutôt qu'un enseignement fécond. L'auteur s'y préoccupe beaucoup plus de la conciliation des textes que de l'exposition des principes. L'analyse y est employée quelquefois avec succès, toujours avec art; mais la synthèse n'y joue aucun rôle. Les modernes qui ont écrit sur le droit romain, paraissent avoir adopté dans leurs ouvrages, quant au sujet qui nous occupe, quelque chose des procédés suivis par les prudents; beaucoup de solutions isolées, de membres épars, point de théorie formant un seul corps de doctrine. Je sais bien que l'on peut rencontrer dans tel grand auteur belge ou allemand un essai de généralisation, mais nous croyons pouvoir affirmer que la question n'y est point traitée sous toutes ses faces.

Cette observation relative au défaut presque absolu de synthèse nous a préoccupé tout d'abord. Provenait-il de la nature même de notre sujet? Nos matières étant de celles qui, le plus souvent, *in facto potius quam in jure consistunt*, devaient-elles forcément, à cause de l'extrême variété des faits juridiques, échapper à l'empire des lois générales qui les régissent? Il était difficile de le supposer en présence du nombre restreint de questions qui se présentent, lorsqu'on veut déterminer un dommage et le réparer. Ce n'était donc point la nature du sujet qu'il fallait accuser. Cette difficulté qui nous arrêtait au début n'en était point la conséquence. Tenait-elle plutôt à l'esprit de la législation romaine, au système de sa procédure? Sans doute, et nous devrons plus tard le démontrer, la rédaction d'une formule peut exercer une certaine influence sur le pouvoir d'appréciation laissé au juge pour déterminer l'étendue de la réparation; mais le fait générateur du dommage, la violation du droit qui donne ouverture à l'indemnité sont indépendants de toute organisation judiciaire. Il falllait donc chercher ailleurs le secret du vice radical en question. Après des réflexions sérieuses, nous croyons enfin l'avoir trouvé. Notre embarras, notre hésitation provenaient d'une confusion qui se retrouve presque partout entre les divers éléments que présente toute question de dommages et intérêts. Ces éléments peuvent se ramener : 1° à la double constatation du dommage et du préjudice qu'il occasionne ; 2° à l'estimation des réparations qu'il entraîne.

En d'autres termes, et nous sommes heureux de pouvoir nous couvrir ici d'une grande autorité, trois sortes de questions, disait Domat, doivent être résolues dans la matière des dommages et intérêts ; la première, s'il en est dû ; la seconde, en quoi ils consistent ; la troisième, comment on doit les estimer.

Comme résultat de cette analyse rapide, mais sûre, s'imposait naturellement une division tripartite. Avant d'en aborder le premier chef, il est nécessaire de la développer et de la compléter, en ajoutant quelques observations préalables qui doivent dominer l'ensemble de ce travail.

Dommages et intérêts ! qu'est-ce à dire ? quel est le sens et la portée de cette expression complexe ? Il faut l'analyser, étudier l'un après l'autre les deux éléments dont elle se compose. Le premier terme représente une idée claire pour tous ; il s'agit de préjudices, de pertes provenant d'un fait positif ou d'une omission imputable à un agent libre et responsable. Tout homme peut avoir, dans son patrimoine, des droits absolus, tels que la propriété, la liberté individuelle ; des droits re-

latifs naissant des obligations proprement dites contractées par un autre envers lui. Quiconque viole un de ces
droits commet une injustice, une *injuria*, dans le sens
où ce mot est pris par Justinien dans le *principium* du
tit. IV, liv. IV, aux Institutes : *Generaliter injuria dicitur, omne quod non jure fit.* Toute injustice exige réparation. Mais est-on toujours sûr, en réparant le dommage immédiat, matériel et sensible, si je puis ainsi
parler, de satisfaire aux exigences d'une scrupuleuse
équité? Peut-on concevoir, dans l'ordre physique ou
moral, des faits isolés et sans conséquences, et le juge
appréciateur ne doit-il pas tenir compte de ces dernières s'il veut se rapprocher de la souveraine justice? Il
faut non-seulement mesurer la gravité de l'atteinte,
mais la portée du contre-coup; comprendre dans la
réparation du dommage : l'*intérêt*, disons le mot, que la
partie lésée avait à ne le point souffrir. C'est la deuxième
partie de notre expression telle que Paul la définit au
D., dans une formule devenue classique : *In quantum
mea interfuit, id est, quantum mihi abest, quantum-
que lucrari potui* (1). L'idée d'intérêt avait prédominé
dans l'expression romaine (2) : *id quod interest;* notre
langue, plus analytique fait entrer, dans l'expression
qu'elle emploie, l'idée de dommage, mais le fond
des choses reste le même. Pothier, au n° 159 de son
Traité des obligations, s'est borné à reproduire la définition de Paul. C'est un retour à la simplicité, au bon

(1) L. 13, *Rat., rem. habit,* 46, 8.

(2) Les Romains se servaient encore du mot *utilitas.* C'est en ce
sens que nous trouverons plus tard un texte qui porte : *omnis utilitas
quæ circa ipsam rem consistit.* L. 21, § 3, D. *de Act. empt,* 19, 1.

sens, après les ridicules subtilités des glossateurs. La verve malicieuse de Dumoulin en avait d'ailleurs fait justice; il prétendait que la rhétorique n'avait pas eu plus de mal à définir l'orateur que la doctrine à définir les dommages et intérêts.

Si des expressions nous passons aux faits juridiques, l'analyse nous donne les résultats suivants. L'injustice, l'*injuria*, peut se présenter directement, dans les cas, par exemple, où elle se rapporte à l'un de ces droits absolus dont nous parlions tout à l'heure; l'obligation est dite alors découler d'un délit, dans le sens large de ce mot. Elle peut donner lieu à une action générale aussi bien qu'à une réparation civile; nous ne voulons traiter ici ni de l'une ni de l'autre. L'*injuria* dont nous voulons étudier le caractère et les effets, est celle qui se présente à l'occasion de relations contractuelles déjà existantes; elle se produit et entraîne réparation toutes les fois que le débiteur manque à ses obligations, soit en omettant ce qu'il devait faire, soit en faisant ce qu'il devait éviter. Notre premier chapitre sera précisément consacré à l'examen de ces causes du dommage. C'est le premier élément d'appréciation pour le magistrat; c'est le fait objectif, comme disent les Allemands. Il faut en rapprocher tout de suite le fait subjectif, c'est-à-dire l'élément intentionnel. Il doit accompagner généralement le fait matériel, pour que ce dernier donne droit à un dédommagement. Cet élément intentionnel s'appelle *culpa* dans un sens très-général; *dolus*, lorsqu'on veut l'opposer à la simple négligence ou imprévoyance; celle-ci prend elle-même les différentes dénominations de *culpa*, *negligentia*, *desidia*. C'est le rapport du fait illicite avec l'agent violateur qui constitue l'imputabilité, et c'est le rapport de cette imputabilité avec la liberté de ce même agent qui constitue la responsabilité de celui-ci. Notre première question, comme l'a fait remarquer Domat, est donc une question de droit, préjudicielle à la seconde, qui fera l'objet du deuxième chapitre.

Celui-ci sera consacré, nous l'avons déjà dit, non plus aux causes mêmes du dommage, mais aux événements qui en sont la suite. Ici la mission du juge devient plus difficile et plus délicate. Il s'agit de distinguer entre les conséquences du fait dommageable celles qui en découlent directement et celles qui n'ont avec lui qu'un rapport lointain; d'apprécier à la fois, chez le demandeur, ce que les commentateurs ont appelé *damnum emergens, lucrum cessans;* de tenir compte enfin, des circonstances qui peuvent influer sur les variations de l'indemnité. Nous touchons à la troisième question, car ici tout se tient, tout s'enchaîne, et la réparation arrive naturellement à la suite d'une appréciation intelligente et saine, comme une conclusion à la suite de prémisses bien posées. Néanmoins, ce troisième chapitre ne sera pas le moins important de ce travail, puisqu'il contiendra des observations sur la clause pénale, la liquidation et la preuve des dommages et intérêts.

Il semblerait, après cette rapide analyse, que la matière est épuissée et que les trois chapitres annoncés doivent nous suffire; il faudra néanmoins en ajouter un quatrième.

En effet, et c'est par là qu'un ordre logique nous

invite à terminer, nous aurons quelques mots à dire
de la célèbre innovation de Justinien. Chacun sait
combien la constitution de ce prince, sur les condamnations à des dommages et intérêts a exercé,
la patiente érudition des commentateurs du xvi° siècle.
Peut-être le plaisir de dogmatiser, l'esprit de système
avaient-ils exagéré pour eux les difficultés sérieuses,
que présente le texte du Code; nous serions heureux
de pouvoir les réduire à leurs justes proportions.

Un mot en finissant, sur la terminologie. Comment
les jurisconsultes romains désignent-ils ce « désinté-
« ressement, ce dédommagement que doivent ceux
« qui sont tenus de quelque dommage (1) ? » Les
expressions *id quod interest, quanti ea res est* peuvent-
elles être prises comme synonymes? Il résulte d'un
passage consacré par Dumoulin (2) à cette question,
qu'il est impossible d'y faire une réponse absolue,
et les textes semblent venir à l'appui de son assertion. M. de Savigny s'est livré, dans un long appendice (3), à l'examen de ces textes. Il s'accorde avec
Dumoulin, pour constater que les expressions pré-
citées s'appliquent tantôt à la valeur vénale de
l'objet en litige; tantôt, par voie d'interprétation,
à toute espèce d'intérêt constaté, même au delà de
cette valeur. En d'autres termes, nous ne pouvons
rien décider à *priori*, les mots, pour nous servir de
termes scolastiques, doivent s'entendre *secundum sub-
jectam materiam*.

(1) Domat, *loco citato*.
(2) *Tract. de eo quod interest*, n° 173.
(3) *Cours de droit romain*, t, V, App, XII.

Je passe tout de suite au premier chapitre, sur
les causes de dommages et intérêts. On le comprend,
nous n'avons pas la prétention de les énumérer
les unes après les autres et d'en dresser la liste
complète. Une nomenclature n'est point une théorie,
et les espèces ne sont point les principes. Il faut
s'attacher non point au nombre, mais aux caractères des faits dommageables. Indiquons nettement,
dans un dernier mot, le but que nous nous sommes
proposé d'atteindre : découvrir dans le droit romain,
les précédents, les origines de la législation française,
en matière de dommages et intérêts ; comparer le
système de l'un et de l'autre ; marquer les rapports
et les différences entre les solutions des prudents
et celles des rédacteurs du Code ; tirer enfin de ce
parallèle, dans la mesure de nos forces, des conclu-
sions pratiques et fécondes.

CHAPITRE PREMIER.

QUELLES SONT LES CAUSES DE DOMMAGES ET INTÉRÊTS ?

Dans toute circonstance où une action est donnée
contre celui qui a fait ce qu'il devait éviter, ou qui n'a
point fait ce qu'il devait faire, la demande et la condamnation doivent porter sur l'intérêt qu'avait le deman
deur à l'exécution ou à l'inexécution du fait. Comme on
ne peut revenir sur le passé et supprimer les faits accomplis, comme on ne peut employer la contrainte maté-

rielle pour assurer leur accomplissement dans l'avenir, il ne reste au juge qu'une ressource : c'est d'apprécier le préjudice qui résulte de l'inaction du débiteur et le bénéfice qu'il pourrait procurer au créancier par l'exécution de son engagement. Ces idées quelque peu abstraites sont parfaitement éclaircies et rendues sensibles par une foule de textes, et notamment par le § 7, Inst. *De verb. oblig.* (III, 15) ; par les LL. 68 et 81 D. au même titre (XLV, 1)*; 13 § 1, D. *De re jud.* (42, 1). De même, dans les obligations qui consistent non plus à faire, mais à donner, si l'on fixe un terme pour le payement et que le débiteur soit en demeure de s'acquitter, la condamnation portera sur l'intérêt qu'avait le créancier à ne point souffrir du retard. La loi 114 D. *De verb. oblig.*) est formelle sur ce point. On peut encore citer comme exemple le cas où le payement devant s'effectuer dans un lieu déterminé, l'obligation, à cet égard, n'a pas été remplie. *Passim, de eo quod certo loco*, D. (XIII, 4).

La rapide exposition qui précède nous paraît montrer parfaitement dans quelles circonstances et par suite de quels faits vient à naître l'obligation à des dommages-intérêts. C'est à Doneau que nous avons emprunté, dans son esprit, sinon dans ses termes, cette entrée en matière. Elle va nous fournir les premiers éléments d'une division devenue classique, entre l'inexécution du contrat et la demeure, de la part du débiteur. Ces deux causes de préjudice et de réparation (car ces idées sont corrélatives) ne se trouvent nulle part nettement et expressément indiquées dans un fragment du Digeste, comme dans l'art. 1147 C. N. Mais la formule de cette disposition n'est que la synthèse des solutions diverses qui vont passer sous nos yeux et qui en sont le commentaire anticipé. A proprement parler (et l'observation en a été faite bien souvent), toutes les causes de dommages et intérêts peuvent se ramener à une seule : l'inexécution du contrat. En effet, la demeure se confond souvent avec l'inexécution totale, et l'on peut, dans tous les cas, la considérer comme une inexécution partielle. Quant à l'éviction et aux vices de la chose livrée, il n'est point difficile de ramener ces deux causes de préjudice, bien qu'elles surviennent *ex post facto*, à l'idée générale d'inexécution. L'analyse nous donne donc une subdivision tripartite à laquelle nous allons consacrer les trois sections suivantes.

Section. I. — De l'inexécution du contrat.

Il faut se garder de confondre les causes de dommages et intérêts avec la cause de l'inexécution du contrat. Celle-ci peut, en effet, provenir d'un cas fortuit ou force majeure, d'un dol ou d'une faute imputables au débiteur. En ce qui concerne les cas fortuits, c'est un principe d'équité naturelle que le débiteur n'en est pas tenu, à moins de les avoir pris à sa charge par une convention expresse. C'est ce qui résulte de la fameuse loi *Contractus, in fine*, L. 23 ff. *de reg. Juris :*

» *Animalium vero casus, mortes, quœque sine culpa accidunt, fugœ servorum, qui custodiri non solent, rapinœ, tumultus, incendia, aquarum magnitudines, impetus prœdonum a nullo prœstantur.* »

Quant au dol et à la faute, nous en avons déjà donné une idée sommaire, dans le précédent chapitre. Il convient d'y ajouter ce qui est absolument indispensable à l'intelligence du sujet que nous traitons. Nous prendrons seulement dans la théorie des fautes, ce qui se rattache à la matière des obligations ; encore ne l'étudierons-nous pas sous cet aspect, dans tous ses détails et dans son application aux différents contrats. Ce serait tout un ouvrage. Nous savons que pour faire peser sur quelqu'un la responsabilité du dommage que l'on éprouve, pour le lui *imputer*, il faut qu'il y ait eu *faute* de sa part, en prenant ce mot dans son acception la plus générale. Dans un sens plus restreint, tous les interprètes distinguent entre le *dol* et la *simple faute*. Le dol se reconnaît à ce caractère, que l'agent a eu le dessein de nuire, qu'il a eu conscience du préjudice qu'il portait. La faute se présente, lorsque ce préjudice résulte de sa négligence ou de son imprudence. A un deuxième point de vue, la faute *latissimo sensu* se divise en *culpa in omittendo* et *culpa in committendo*. Il y a un intérêt considérable à les distinguer, certaines personnes répondant seulement de la première ; d'autres, de la seconde. Et pour ne donner ici qu'un exemple pris dans la matière des obligations contractuelles, dans le cas où je ne suis tenu qu'en vertu d'une stipulation, je ne dois pas répondre de ma simple négligence. La loi 71 *Pr. D. de Verbor. oblig.* est fort explicite sur ce point : j'étais débiteur d'un esclave envers Titius ; l'esclave tombe malade ; pour le guérir et conserver ainsi l'objet de mon obligation, quelques soins auraient suffi ; j'ai négligé de les donner à l'esclave; le jurisconsulte décide que je ne suis point tenu de cette négligence, *quia qui dari promisit, ad dandum non faciendum tenetur.*

Lorsqu'un homme, au contraire, est obligé en vertu d'un contrat de bonne foi, il est tenu de la *culpa in omittendo,* de la *diligentia.* C'est toujours pour les contrats de bonne foi que se pose la théorie des fautes.

Dans les cas où elle reçoit son application, il faut distinguer entre le dol, la *culpa in abstracto* et la *culpa in concreto.* Nous avons déjà caractérisé le dol; quand il s'agit de déterminer la responsabilité de l'agent, il faut lui assimiler la faute grave, *culpa lata.* Qu'est-ce à dire ? quel est le sens de ces expressions?

Les Romains admettent qu'il y a faute grave dans deux cas distincts : 1° Lorsqu'un débiteur se trouve avoir négligé les soins que prennent d'ordinaire les personnes les moins diligentes : on en trouve un exemple dans la Loi 32, D. *Depositi,* 16, 3. Voyez aussi la L. 213, § 2, *De verb. signif.,* 50, 16. 2° Lorsque le débiteur n'a pas pris, relativement à la chose qu'il doit, les soins qu'il prend lui-même de ses propres affaires. Voilà pour le premier degré de responsabilité. En second lieu, certains débiteurs répondent seulement de la *culpa in abstracto;* c'est-à-dire que l'on compare leur conduite à la conduite habituelle d'un bon père de famille, d'un bon administrateur.

Enfin, d'autres débiteurs répondent de la *culpa in concreto;* c'est-à-dire que l'on va comparer leur conduite dans le cas présent, à leur propre conduite, dans les autres affaires.

Remarquons d'ores et déjà que la *culpa lata,* dans sa

deuxième application, paraît se confondre avec la *culpa in concreto*.

Il faut observer que si l'on peut s'affranchir de sa faute par des conventions spéciales, la clause qui affranchirait une des parties de son dol serait nulle, comme contraire aux bonnes mœurs. C'est ce que dit positivement la L. 1, § 7, D. *Depositi vel contra*, 16, 3. En l'absence de toute convention spéciale, examinons rapidement quelle est la responsabilité des différents débiteurs.

Celui qui rend un service purement gratuit, comme le dépositaire, n'est tenu que du dol et de la faute grave : c'est une règle fondée sur l'équité. Il ne doit pas exister de charges là où il n'y a pas d'avantages. Signalons deux exceptions au principe que nous venons de poser. En effet, le *negotiorum gestor* répond de la simple faute ; mais cette dérogation s'explique facilement, si l'on veut tenir compte de cette circonstance, que personne n'ayant chargé de la gestion ce débiteur, il en accepte volontairement toutes les suites. Une deuxième exception est relative au tuteur. Voyez, à cet égard, un texte de Modestin, dans la *Collatio leg. Mosaic*, tit. X, ch. 2, § 3. C'est sans aucun doute l'intérêt des pupilles qui a fait introduire cette deuxième dérogation.

Toutes les fois que le débiteur a un intérêt dans l'affaire (sans distinguer si cet intérêt n'existe que de son côté, comme dans le commodat, ou de part et d'autre, comme dans la vente), le débiteur répond non-seulement du dol et de la *culpa lata*, mais de la simple faute. Encore, le plus souvent s'apprécie-t-elle *in abstracto*. Si nous voulons savoir, enfin, dans quels cas le débiteur est tenu de la *culpa in concreto*, il faut supposer que le débiteur se trouve avoir dans la chose un intérêt, ou un droit de copropriété. Nous pouvons citer pour exemples : dans l'ancien droit, où le gage n'était pas connu, l'aliénation avec clause de fiducie. Aucun texte ne le dit positivement, mais voyez le fragment de Gaïus qui forme la L. 18 *Princip. commodati*, D. 13, 6. Les mots *pignori datœ*, qui se trouvent *in fine*, ont dû remplacer les mots *fiduciœ datœ*. Dans le droit de Justinien , l'associé (1), le simple communiste (2), le mari propriétaire des choses dotales(3), l'héritier grevé de legs ou de fidéicommis (4).

Dans la doctrine d'Ulpien, paraît-il, le tuteur est tenu seulement de la *culpa in abstracto* , ainsi que l'atteste la L. 1, *Pr.*, *de tutela et rationibus*, D. 27, 2.

Etudions maintenant de plus près la différence qui existe entre la condition d'un dépositaire et celle d'un associé. C'est là que réside la principale difficulté de cette matière. Les auteurs dont nous adoptons le système pensent que la différence existe uniquement au point de vue de la preuve. Supposons, en effet, que l'objet déposé a péri entre les mains de Titius, le dépositaire ; pour qu'il soit responsable envers le déposant, il faut qu'il y ait eu de sa part dol ou faute lourde. Mais le dol ne se présume pas, et pour que le déposant

(1) § 9, *Inst. de Societ.*, III, 25.
(2) L. 25, § 16, *Famil. ercisc.* D. 11, 2.
(3) L. 17. *Pr. de Jure dotium.* D. 23, 3.
(4) L. 22, § 3, *ad. sc.* Treb. D. 36, 1. et L. 108, § 12,*de Leg.*1°, D. 30, 1.

puisse obtenir des dommages et intérêts, il doit faire la preuve du dol ou du défaut de soin de Titius. Le dépositaire est donc dans une position assez favorable. Prenons, au contraire, l'hypothèse d'une société : l'objet périt, Titius l'associé est responsable de sa *culpa in concreto*, mais ici le fardeau de la preuve n'incombe pas au créancier. Nous ne devons pas supposer le dol ; or le débiteur d'un corps certain n'est libéré qu'autant qu'il réussit lui-même à prouver que l'on ne saurait lui reprocher plus de négligence que d'habitude. Dans ce cas, le créancier n'a aucune preuve à faire. Reste à nous demander si la loi *Contractus* dont nous avons déja parlé, n'est pas en contradiction avec la théorie que nous venons d'exposer.

« Contractus quidam, nous dit ce texte, dolum ma-
» lum duntaxat recipiunt : quidam et dolum et cul-
» pam : dolum tantum, depositum et precarium : do-
» lum et culpam, mandatum, commodatum, vendi-
» tum, pignori acceptum, locatum » ......Puis le texte continue : « Item dotis datio, tutelæ, negotia gesta (*in*
» *his quidem et diligentiam*) societas, et rerum com-
» munio, et dolum et culpam recipit.........» La suite du fragment traite d'autres questions.

La véritable pensée du jurisconsulte, c'est que, dans la dernière énumération, à partir du mot *item*, le débiteur ne répond plus de la *culpa in abstracto*, comme dans les cas précédents, mais de la *culpa in concreto*. Il faut cependant signaler une exception : celle de la gestion d'affaires. *In his quidem et diligentiam*, nous dit le texte ; on y répond de la *culpa in abstracto* comme dans les premiers contrats, tel que le commodat, la vente. Mais pourquoi donc cette séparation? Pourquoi donc avoir mis à part la gestion d'affaires? La réponse est que l'on a voulu placer d'un côté les contrats, de l'autre les quasi-contrats, et au moyen de cette explication toute naturelle, la loi *Contractus* est en harmonie parfaite avec notre système tout entier.

La théorie des fautes que nous venons de présenter, est enseignée à la faculté de droit de Paris par M. Demangeat, qui l'a lui-même empruntée à M. Hasse, jurisconsulte allemand. Muhlenbruch s'est rallié aussi à cette doctrine. Nous n'entreprendrons pas d'examiner et de discuter les objections que Molitor a soulevées contre elle, d'après Thibaut, Elvers et quelques autres jurisconsultes ; notre sujet ne comporte point pareille digression . Mais nous devons dire quelques mots de la théorie célèbre, connue dans la doctrine sous le nom de *système des trois degrés*, parce qu'elle se trouve exposée dans le précurseur de notre législation actuelle, dans le *Traité des obligations* de Pothier.

« D'après une opinion assez généralement reçue, dit à cet égard M. Molitor (1), avant les derniers travaux des jurisconsultes allemands, dont les théories se rattachent toutes à la doctrine de Donellus, il y aurait au moins trois degrés de la faute : *culpa lata, culpa levis, culpa levissima*. Vinnius et Pothier, entre autres, chez qui l'on trouve l'exposé de ce système, définissent la *culpa levis*, l'omission des soins d'un père de famille, et la *culpa levissima*, l'omission des soins qu'un homme très-diligent met à ses affaires ; cette *culpa levissima* serait aussi désignée, d'après ces

____

(1) *Traité des oblig.* T. 1, p. 255, n°ˢ 200 et 201.

auteurs, par les mots *custodia*, *diligentia*. Quant aux règles de prestation, elles sont fort simples : celui qu retire seul de l'utilité du contrat est tenu de la *culpa levissima* ; celui qui ne retire aucune utilité du contrat est tenu de la *culpa lata*, et lorsque ce contrat est intervenu dans l'intérêt des deux parties, elles sont tenues réciproquement de la *culpa levis*.

» Tel est en résumé le système généralement suivi, jusqu'à ce que Thibaut eut fait revivre en Allemagne la théorie de Donellus, qui déjà, au seizième siècle, avait entrepris de prouver que l'on ne pouvait distinguer trois degrés de faute. Avant Thibaut, un jurisconsulte distingué, Lebrun, contemporain de Pothier, avait fait en France la critique de ce même système (1). »

Le système des trois degrés, on l'a dit bien souvent, est trop symétrique pour être vrai. Nous n'avons pas à résumer les arguments que l'on a présentés contre lui : il suffit de renvoyer à l'*Essai sur la prestation des fautes*, publié par Lebrun en 1764, dont M. Blondeau a donné une analyse dans *la Thémis*, II, p. 313-336.

Remarquons seulement, pour renverser la théorie de Pothier, que les expressions *exacta* et *exactissima diligentia* se prennent comme synonymes (Cf., § 5, *Inst. de locat.*, III, 24, et § 2, *quibus modis re contrahitur obligatio*), et que l'assimilation du vendeur au locataire se trouve consacrée par les LL. 3, *De pericul. et comm. rei venditæ*, D. 18, 6 et 17, § 2, *De prescriptis verbis*, ff. 19, 5.

Supposons, en terminant, que le débiteur ne soi

(1) *Traité des oblig.*, t. 1, p. 250, n°s 200 et 201.

tenu que de la faute lourde, ce sera, par exemple, un dépositaire. Si, par une faute légère, mais qui se produit *in committendo*, il vient à faire périr la chose déposée, il ne sera pas tenu de l'action *depositi*; mais ne sera-t-il pas tenu de l'action *legis Aquiliæ?* Il faut, à cet égard, faire une distinction; toutes les fois que le fait du dépositaire n'est qu'une conséquence du contrat, le dépositaire n'est pas tenu, sous peine de déroger à la théorie générale; mais si le fait se produit en dehors des relations contractuelles, il faut décider autrement.

Que si des causes d'inexécution du contrat (cas fortuit, dol et fraude), nous passons aux causes mêmes de dommages et intérêts, nous pouvons nous placer à un double point de vue. Le premier, qui n'a rien de spécial à la législation romaine, que nous devons retrouver au droit français , et qui tient à la nature même des choses. Le second, qui repose sur une distinction toute particulière au droit romain. Nous voulons parler, soit de la division classique présentée par le jurisconsulte Paul (L. 3, D. *de O et A.*, 44, 7), en obligations de donner, de faire ou de prester ; soit de la division en *certæ* et *incertæ obligationes*. La première ne pourrait guère nous fournir que des considérations de fait. Il faudrait passer successivement en revue les différentes choses ou les divers faits qui peuvent être l'objet d'une dation ou d'une exécution, et montrer comment, à défaut de l'une ou de l'autre, le créancier peut agir et le débiteur peut être condamné *in id quod interest*. Il est facile de comprendre que toute obligation ayant un but unique, le payement, une première cause de dommages et intérêts se présente lorsque ce but est manqué. Ce sera, par exemple : un vendeur ayant promis de mauvaise foi une chose qui n'était point dans le commerce et se trouvant dans l'impossibilité de la livrer (L. 62, § 2, D. *De contrah., empt. et de pactis*, etc,, 18,1). Ou bien encore ce vendeur aura pris l'obligation de fournir une chose qui ne lui appartenait pas et le propriétaire n'aura point voulu la céder. Dans les obligations de faire positives ou négatives, plusieurs hypothèses viennent se présenter. Le débiteur peut avoir promis son propre fait ou le fait d'autrui, Au premier cas, il nous suffit d'énoncer la formule bien connue : *Nemo liber potest præcise cogi ad factum.* Le respect de la liberté individuelle ne permet pas que l'obligation de faire, contractée envers un créancier, donne à ce dernier le droit de contraindre son débiteur à l'exécution directe. La loi ne demande point l'impossible. Ici elle ne peut arriver au but que par des moyens détournés ; ces moyens, ce sont précisément les dommages et intérêts : *Id venit in stipulationem quod mea interest*, nous dit Paul, dans la L. 68, D. de *Verb. oblig*.

La contravention à l'obligation de ne pas faire ne peut se résoudre aussi que dans une indemnité. Ce sont là des principes de bon sens plutôt que de droit ; la théorie des promesses du fait d'autrui présenterait plus de difficultés ; mais nous ne croyons pas qu'elle se rattache directement à notre sujet.

Quant aux obligations qui ont pour objet un *præstare*, on nous permettra de rapporter, à cet égard, un passage de Molitor (1) dans lequel il nous paraît nette-

(1) *Oblig.*, I, p. 6.

tement indiquer le sens et la portée de cette expression :

« Quand l'obligation qui n'a pas pour objet un
» *dare*, résulte soit d'un délit, soit d'un quasi-délit,
» ou bien lorsqu'entre parties liées par un contrat de
» bonne foi, l'obligation résulte d'un manquement
» quelconque à la loi du contrat, donnant lieu à des
» dommages-intérêts, les jurisconsultes romains se
» servent du mot *præstare*. Ainsi, ils disent : *Culpam,*
» *diligentiam, periculum præstare ; estimationem id*
» *quod interest præstare : evictionem præstare.* Ainsi ils
» disent encore de l'usage de la chose due par le bail-
» leur au locataire : *Præstare debet locator conductori,*
» *frui quod conduxit licere.* » M. Molitor cite à l'appui
» de son assertion une foule de textes qui ne laissent
aucun doute sur son fondement. L. 9, D. XIX, 2;
L. 15, § 2, *eod.*; — L. 103, D. 45, 1 ; — L. 34,
D. 44, 7; — L. 17 D. 23, 3; — L. 107, D. 45, 1.

Nous avons hâte d'arriver à notre deuxième point
de vue, la division en *certæ* et *incertæ obligationes*. On
peut l'étudier en théorie et en pratique. Sous ce dernier aspect, son utilité est de tous les temps, et son
application se présente dans toute législation. Elle
sert à résoudre la question de savoir, dans quels cas
une obligation présentera des caractères suffisants de
certitude, pour que l'on puisse en poursuivre valablement l'exécution. Sans doute, une obligation incertaine
peut être valable, mais elle sera nulle bien souvent.
Tel est le cas où l'incertitude serait si grande, que le
débiteur pourrait s'acquitter en ne donnant presque
rien à son créancier. Le principe en cette matière est

posé par Ulpien, dans la **L. 75, D.** *De verbor. oblig.* En théorie, la distinction qui nous occupe se rattache à la différence qui séparait le *strictum jus* de la *bona fides.* Toutes les obligations *stricti juris* étaient des obligations *certæ*, où la condamnation ne laissait aucune place à l'arbitrage du juge. Aussi, dans ces sortes de contrats, les parties prenaient-elles le soin de déterminer à l'avance, au moyen d'une clause pénale, le chiffre de la condamnation, pour le cas où le débiteur n'exécuterait pas son engagement. Au contraire, dans les obligations *bonae fidei*, le juge avait une grande latitude d'appréciation, la demande ayant pour objet un *incertum*. Nous aurons, du reste, à revenir sur ces idées dans la deuxième section de notre troisième chapitre. Nous avons déjà vu, dans la **L. 91,** *Pr.*, que la responsabilité s'interprétait autrement dans une stipulation que dans une vente ou dans un commodat. La distinction entre le *strictum jus* et la *bona fides* ressortira plus nettement encore de la comparaison qui se présentera bientôt, entre l'action *ex empto* et la *stipulatio duplæ*, quand nous poserons les principes de la garantie. Pour le moment, il faut aborder la deuxième partie de notre division, et passer à une cause bien fréquente de dommages et intérêts: nous voulons parler de la demeure.

§ 2. — *De la demeure.*

La théorie de la demeure est une des plus importantes de notre matière. Nous devons l'étudier avec d'autant plus de soin, que Pothier n'en dit presque rien dans son *Traité des obligations*, et qu'elle est d'une application journalière en droit français. Qu'est-ce donc

que la demeure ? Quelles sont ses causes, quels effets
produit-elle ? Comment peut-on l'établir ? Telles
sont les principales questions que nous devons successivement résoudre.

Mora! qu'est-ce à dire? quelle est la valeur et la portée
de ce mot, et ne devons-nous pas tout d'abord reconnaître qu'il a une double signification? Il est impossible d'en douter un seul instant, en présence d'une
foule de textes qu'il serait trop long de reproduire ici,
et notamment de la L. 24 *pr. De usuris et fructibus*, D.
22, 1 : *Si quis solutioni quidem moram fecit, judicium
autem accipere paratus fuit, non videtur fecisse moram; utique si juste ad judicium provocavit.*

Ainsi, *mora* se prend dans deux acceptions différentes : l'une, toute générale et vulgaire, si l'on peut
ainsi parler (c'est dans ce premier sens que nous trouvons à chaque instant, dans les auteurs et dans les jurisconsultes : *moram facere, moram inferre alicui rei*);
l'autre, toute spéciale et scientifique, qui doit seule
nous occuper. Quand donc se trouve-t-on en demeure
(*in mora*), dans le sens juridique de cette expression?
Le jurisconsulte Paul nous répond dans ses Sentences
(liv. III, tit. 8, § 4) *Mora fieri videtur, cum postulanti
non datur.* Cette formule, très-claire dans sa conci-
sion, se trouve développée dans les LL. 32 D. (*nostr. tit.*)
et 127, *De verb. oblig.* Le premier de ces textes nous
parle d'*interpellatio*, le second reproduit en nouveaux
termes la pensée de Paul : *Nulla intelligitur mora ibi
fieri, ubi nulla petitio est.* En résumé, ce qui distingue
le simple retard (état de fait) de la demeure juridique,
ce qui caractérise cette dernière, c'est l'interpellation

ou tout autre équivalent ; c'est la demande du créancier qui transforme la *mora* (prise dans le premier sens), en *mora* « frustratoire et imputable, » puisqu'elle prive ce même créancier de la chose qui lui est due.

Examinons successivement quels effets sont attachés au simple retard, quels effets à la demeure proprement dite.

Nous verrons plus tard que l'obligation pénale suit, en droit romain, les principes des obligations conditionnelles ; il en résulte que, dans les clauses pénales réglées par les parties, la peine était encourue par le simple retard du débiteur, qu'il y eût faute ou non de la part de ce dernier. Il en était de même lorsque le créancier stipulait la clause commissoire.

Un deuxième effet du simple retard (nous le retrouverons en droit français), c'est de transformer l'obligation d'un *facere*, en obligation *quanti ea res est*. Remarquons toutefois que, si le fait n'est pas d'une nature telle qu'il ne puisse être utilement exécuté que dans un temps convenu, le débiteur peut, jusqu'à la *litis contestatio* se libérer par la prestation même du fait. C'est ce que nous dit positivement le jurisconsulte Paul, dans dans la L. 84 *De verb. oblig.* L'effet que nous venons de signaler relativement à l'obligation de faire doit être généralisé et étendu à toute obligation qui demandait son exécution, dans un certain temps que le débiteur a laissé passer. Le créancier peut dans ces circonstances, demander *id quod interest* sans interpellation préalable, et sans que le débiteur puisse encore valablement exécuter l'obligation primitive (1). Le simple retard

(1) M. Molitor, t. I, p. 462.

produit encore d'autres effets qui ne se rattachent pas directement au sujet que nous traitons, et que nous passons sous silence, afin d'arriver tout de suite aux effets de la demeure juridique.

A cet égard, nous devons reproduire tout d'abord, un texte de Marcien, auquel nous avons déjà fait allusion, et qui forme la L. 32 *pr.* D. de notre titre :

Mora fieri intelligitur non ex re, sed ex persona, id est si interpellatus opportuno loco, non solverit.

Ce texte donne lieu à une grave difficulté ; celle de savoir s'il faut distinguer deux sortes de demeure proprement dite, l'une *ex re*, l'autre *ex persona*. Il nous paraît impossible de nous prononcer pour l'affirmative en présence du texte que nous venons de rapporter. Il n'y a, croyons-nous, avec de graves autorités, qu'une seule demeure, produisant tous les effets juridiques attachés à ce mot ; c'est la *mora ex persona*, ou celle qui résulte de tout fait indiquant sommation. Tels sont, par exemple, les cas où le débiteur a rendu par son absence l'interpellation impossible (L. 2. D. *n. t.*) ; où la chose a été enlevée au propriétaire, soit clandestinement, soit par violence (L. 20. D. *De condic. furt.* XIII, 1). Cette demeure implique une faute, elle engage la responsabilité du débiteur, et c'est ainsi qu'elle est une cause fréquente de dommages et intérêts. « Le » simple retard de payer, » dit l'auteur auquel nous empruntons cette théorie, « est quelquefois qualifié de » *mora ex re*, lorsque les lois y attachent certains effets, mais jamais le simple retard ne saurait entraîner tous les effets de la demeure après sommation. » C'est par ce motif que des textes formels disent que

» là *mora ex re* n'est pas une *mora*, et qu'aucun texte
» n'attribue à une pareille *mora* l'effet de perpétuer
» l'obligation du débiteur. »

A la distinction que nous venons d'établir se rattachent deux questions, de nos jours encore très-débat-
tues. Dans la première, on se demande si la demeure
implique faute ou non. Il serait trop long de la discuter
ici; qu'il nous suffise d'exprimer seulement cette idée,
que les textes si contradictoires invoqués de part et
d'autre, se concilient ou plutôt s'expliquent parfaitement, au moyen de la distinction·que nous avons proposée entre la demeure et le simple retard. Evidemment,
la demeure doit supposer une faute, pour donner lieu
à des dommages et intérêts; ce sont là des idées corrélatives et que l'on ne sépare pas.

Que si le simple retard est, dans certains cas, une
cause de réparation, il ne faut voir là, comme nous
l'avons déjà dit et comme nous le démontrerons plus
tard, qu'un effet de la volonté des parties contractantes;
pour elles, le simple retard était l'événement de la
condition qui devait donner ouverture au dédommagement.

La seconde question doit nous arrêter quelque temps;
elle consiste à se demander si dans les obligations à
terme, la seule échéance de ce terme continue le débiteur en demeure, c'est-à-dire si la règle *dies interpellat pro homine* était consacrée par le droit romain. Si
l'on veut avoir une idée de l'importance qu'a prise la
controverse sur ce point, chez les anciens et chez les
modernes, on n'a qu'à se reporter au chapitre consacré par M. Molitor à la demeure et à parcourir les noms

des auteurs dont il adresse la liste soit dans le texte, soit dans les notes de la pag. 469. Après de longues hésitations, après avoir mûrement pesé les arguments et médité les textes que l'on presente dans les deux sens, nous pensons que l'opinion de Doneau peut encore se soutenir, et que l'on peut se prononcer pour l'admission de la maxime. Nous sommes principalement determiné par une considération purement rationnelle et par un texte. Il nous semble impossible, en effet, de ne point décider que, dans une obligation à terme, le simple retard est imputable au débiteur. Comme l'a très-bien dit Madai, le terme ayant été fixé à l'avance, le débiteur savait qu'il devait payer à ce terme, puisque le créancier avait manifesté, par la convention, la volonté d'être payé au terme fixé.

M. Molitor a essayé de démontrer qu'il n'y avait pas de faute dans le simple retard. « En effet, dit-il, pour » que le retard soit imputable au débiteur, deux con- » ditions doivent se réunir ; il faut : 1° que le débiteur » soit obligé de livrer la chose aux mains du créan- » cier, ou tout au moins de faire des offres ;

» 2° Qu'il ait connu l'existence de son obligation » ou qu'il ait su qu'il était débiteur.

» Si l'une de ces deux conditions seulement a fait » défaut, le retard n'implique pas faute, et la demeure » fondée sur l'échéance du terme, sur la règle *dies in-* » *terpellat pro homine,* ne saurait être admise. »

Nous croyons pouvoir démontrer que Molitor a déplacé le débat, ou du moins, qu'il ne l'a point envisagé sous toutes ses faces. En effet, il ne se préoccupe exclusivement que de l'obligation de donner et à ce propos

toute son attention se porte sur une seule question :
celle des offres et du lieu de la délivrance. Il nous
semble que c'est là faire une pétition de principes;
M. Molitor convient lui-même que « le débiteur ne doit
» faire des offres qu'afin d'éviter les désavantages que
» la convention a attachés au non-payement..... Eh
bien! toute la question est de savoir si les parties ont
voulu faire produire à l'échéance du terme, les effets
qu'entraîne l'interpellation. Si nous avons un texte
formel qui puisse nous fixer sur ce point, notre preuve
est faite. Or, ce texte, c'est Ulpien qui nous le fournit,
précisément dans l'hypothèse où se place l'auteur que
nous combattons, c'est-à-dire à propos d'une obligation
de donner. Que dit en effet la loi 114 D. *De verb. oblig.?*
« Si fundum certa die præstari stipuler, et per promis-
» sorem steterit, quominus ea die præstetur : consecu-
» turum me quanti mea interest moram facti non esse.»
On se borne à répondre que les mots *per debitorem steterit* signifient que le débiteur a été interpellé, et l'on
apporte à l'appui de cette affirmation un fragment de
Pomponius qui forme la L. 23 du même titre. Mais on
néglige d'ajouter que ce texte porte les termes sacra·
mentels : *aut si interpellatus non dedisti*. Il nous paraît
certain que dans l'hypothèse de la L. 114, ce n'est
pas l'interpellation, c'est l'échéance du terme qui a
mis le débiteur dans ses torts; *per debitorem stetit.* La
loi 46, § 3, que l'on oppose encore, ne nous paraît pas
plus concluante. Que dit-elle en effet? que si le débiteur
à terme, dont la dette a pour objet un esclave, se trouve
interpellé avant l'échéance du terme, et que l'esclave·
vienne à mourir, *non videtur per debitorem stetisse.* C'est

tout naturel ; on ne peut réclamer le montant de la dette avant son exigibilité, et l'interpellation avant le terme fixé ne produit aucun effet. Qu'est-ce à dire et quelle conséquence faut-il en tirer ? Que l'interpellation est nécessaire dans une obligation à terme ? Point du tout ; ce n'est là qu'une affirmation qui tombe devant la loi 114.

Quant à la deuxième condition requise par M. Molitor, pour que le retard soit imputable au débiteur, à savoir que ce dernier ait connu l'existence de l'obligation, ce n'est là qu'une pure question de fait qui ne préjuge en rien le point de droit dont nous nous occupons. On peut donc, croyons-nous, admettre les prémisses de Molitor, c'est-à-dire que la demeure suppose faute, et conclure en même temps à l'admission de la règle, *dies interpellat pro homine*. La question est, du reste, des plus graves, et même après avoir longtemps réfléchi, on ne parvient qu'avec peine à se faire sur ce point délicat une opinion bien arrêtée.

On comprend que nous n'avons pas eu l'intention de donner une théorie complète de la demeure ; nous avons voulu seulement étudier son influence et ses effets quant au sujet qui nous occupe. La demeure peut porter soit sur le lieu, soit sur le temps du payement. Le lieu du payement, dit Muhlenbruch analysé par Molitor, est celui où le créancier a le droit de l'exiger, où le débiteur a le droit de le faire, où le créancier, en l'exigeant, et le débiteur en l'offrant, peuvent réciproquement se constituer en demeure. Le lieu du payement peut être ou ne pas être déterminé par le contrat. Occupons-nous seulement de la première hypothèse : ici encore, nous allons trouver l'influence de la division en *certæ et incertæ obligationes*. Dans les *judicia bonæfidei*, qui ont pour objet *quod actoris interest*, c'est-à-dire un *incertum*, le créancier peut poursuivre le débiteur à son domicile, s'il ne le trouve pas au lieu désigné par la convention. Il n'en était pas de même dans les *judicia stricti juris*, où la demande dans un lieu autre que le lieu désigné constituait une *plus petitio;* de là l'introduction de l'action spéciale connue sous le nom de *actio de eo quod certo loco dari promissum est.* (Liv. 4, tit. 13. D.) En outre, dans les *judicia bonæfidei*, nous indiquerons, comme un effet de la demeure spécial à notre matière, l'obligation de fournir, à dater de l'interpellation, *id omne quod interest*, c'est-à-dire de réparer tout le dommage qui résulte de la *mora* pour le créancier. Dans les *judicia stricti juris*, au contraire, ce n'est pas au jour de la condamnation, mais au jour de la *litis contestatio* qu'il faut se placer pour apprécier la valeur de l'objet (L. 4, D. *De Condict. tritic.* 13,3). Et remarquons ici que la demande ayant pour objet un *certum*, une chose parfaitement déterminée, la demeure est sans influence sur le montant de la condamnation. Si le demandeur obtient les frais et accessoires depuis le *judicium acceptum,* ce n'est point à titre de dédommagement résultant de la *mora*, c'est par suite de l'effet rétroactif dont il est parlé dans les LL. 2 et 38, § 7, D. *De usuris et fruct.* 22, 1. Nous aurons bientôt l'occasion de revenir sur ce point, dans la deuxième section de notre chapitre troisième, où nous traiterons de la fixation des dommages et intérêts. Nous ne nous occupons ici que des causes de réparation.

Nous les avions divisées en deux classes, les unes antérieures, les autres postérieures à l'exécution du contrat. Après avoir passé les premières en revue, disons
quelques mots des secondes : l'éviction et les vices cachés
de la chose qui fait l'objet de l'obligation.

§ 3. — *Garantie résultant de l'éviction et des vices cachés.*

C'est ici que nous allons voir ressortir avec plus de
netteté que jamais, la différence entre les demandes
qui ont pour objet un *certum*, déterminé à l'avance par
la stipulation des parties, et celles dont l'objet est un
incertum laissé à l'arbitrage du juge. Mais nous devons avant tout renouveler une observation déjà faite :
c'est qu'en abordant une théorie nouvelle, nous
n'avons pas la prétention de donner une théorie complète, mais seulement d'indiquer ce qui se rapporte
directement à notre matière. L'obligation de garantie
n'est point spéciale au contrat de vente, mais elle est de
la nature de ce contrat et nous le prendrons pour type
dans nos explications.

Le vendeur est tenu de trois obligations distinctes :
il doit : 1° livrer la chose à l'acheteur ; 2° garantir ;
3° faire tout ce que la bonne foi commande. Les deux
premières obligations sont comprises dans la formule ,
Præstare debet emptori rem habere licere ; la troisième
s'exprime en ces termes : *Purgari dolo malo.* C'est
cette dernière obligation qui donne à l'*actio empti* ce
caractère d'incertitude qui la distingue si profondé-

ment de l'*actio ex stipulatu ;* un exemple fera comprendre notre pensée. Le vendeur qui s'est mis dans l'impossibilité de tenir sa promesse, devra un dédommagement au créancier, pourvu que ce dernier ait contracté de bonne foi. Voyez à cet égard un fragment de Modestin (L. 62 § 1. D. *De contr. empt* 18, 1). Une stipulation ne produirait pas les mêmes effets (§ 2, Ins. Justin. *De inut. stip.* 3, 19); tout s'y interprète strictement, la stipulation est radicalement nulle, car la dation est impossible ; l'ignorance et la bonne foi du stipulant ne sont prises en aucune considération.

L'obligation du vendeur est donc, quand on l'examine dans son ensemble, une obligation continue : elle l'astreint à répondre de tout fait qui empêche l'acheteur d'avoir la chose ou de l'avoir telle quelle, soit que le vendeur ait connu ou non cette cause d'inexécution. On comprend dès lors que la garantie est de deux espèces :

1° *En cas d'éviction.* En effet, lorsqu'un tiers intente une revendication ou une action hypothécaire contre l'acheteur, et qu'il triomphe dans sa prétention, l'acheteur se retourne contre le vendeur.

2° *Garantie pour les vices rédhibitoires.* Elle donne lieu aux deux actions *redhibitoria* et *quanti minoris.*

Nous pouvons signaler ici deux conséquences remarquables du principe que l'acheteur est tenu de faire tout ce qu'exige la bonne foi.

1° Si j'ai vendu la chose d'autrui sans avoir prévenu l'acheteur, celui-ci aura l'action *ex empto* pour obtenir une indemnité. Nous avons à cet égard un texte très-formel et très-explicite d'Africain. (L. 30, § 1, D. *De act. empti,* 19, 1).

2º La bonne foi demande que l'on se conforme aux usages du lieu. Or, il était généralement d'usage que si la chose vendue était *pretiosior*, le vendeur s'obligeait à payer à l'acheteur le double du prix de vente, au cas d'éviction. C'est ce que l'on appelle la *stipulatio duplæ* (L. 2 et L. 37. *Pr.* et § 1, D., *De evict. et dupl. stip.*, 21, 2). Cette stipulation devait donc intervenir.

En supposant que, lors de la vente, le vendeur n'ait pas fourni la *cautio duplæ*, l'acheteur, quelques jours après, reconnaissant l'omission, pourra-t-il la réparer? Sans aucun doute; il intentera l'*action empti* et dira au vendeur : la bonne foi exige que vous me fournissiez la *cautio duplæ*; en cas de refus, le vendeur sera condamné à payer tout de suite le double du prix (Sent. de Paul. L. 2, tit. 17, § 2). Il paraît même que l'on était allé plus loin. Si la *cautio* n'avait pas été fournie, dans un cas où elle devait l'être, l'acheteur pouvait obtenir par l'*actio empti* ce qu'il aurait obtenu par l'*actio ex stipulatu;* on la sous-entendait. Mais en quoi différaient les deux actions? M. Demangeat, à qui nous empruntons la majeure partie de ce paragraphe, indique, dans son cours, quatre différences entre l'*actio empti* et l'*actio ex stipulatu.*

1º La première est de bonne foi, la seconde est de droit strict. De là, toutes les différences entre l'action de droit strict et les actions de bonne foi.

2º Il résulte de la L. 70 *de evict.* D., que l'acheteur évincé obtient de son vendeur le montant du dommage que l'éviction lui a causé, en d'autres termes la valeur de la chose, au moment de cette même éviction. Dans la *stipulatio duplæ,* on n'a pas à se préoccuper du

changement de valeur, le montant de la condamnation est toujours le double du prix de vente.

3° J'ai vendu et livré à Titius un objet dont je n'étais
pas propriétaire ; mais Titius n'en est point évincé
parce qu'il devient l'héritier de Mœvius, lequel est le
véritable propriétaire de l'objet vendu. Titius a-t-il
quelque chose à me réclamer? Sans doute, n'étant pas
évincé, il ne peut intenter l'*actio ex stipulatu*, mais il
peut exercer contre moi l'*actio ex empto*, parce
qu'il garde la chose, non pas en qualité d'acheteur,
mais comme héritier. L. 41, § 1, *De evict.*, D.

4° Cette hypothèse est l'inverse de la précédente.
J'ai vendu et livré une chose à Titius ; Mœvius, un tiers,
la revendique contre lui ; mais avant qu'un jugement
soit intervenu, la chose périt, par cas fortuit, entre
les mains de Titius. Le procès suit son cours ; la prétention de Mœvius est vérifiée. L'*actio ex empto* ne peut être
exercée, puisqu'il n'y a pas de préjudice, et que l'*actio
empti* est une action *in id quod interest ;* mais l'acheteur est évincé, ce qui suffit pour qu'il puisse intenter
l'*actio stricti juris*. Paul s'en explique formellement
dans la L. 16, D. *De rei vindicat.*, 6, 1. Nous aurons
plus tard à déterminer l'étendue des dommages et intérêts dans l'*actio empti*, soit dans notre troisième,
soit dans notre quatrième chapitre. Nous n'avons plus
qu'à dire ici quelques mots de la garantie pour vices
cachés et des actions qui s'y rattachent. Abstraction
faite de l'*Edit des édiles*, le vendeur n'était généralement tenu, *ipso jure*, que des vices cachés dont il avait
eu connaissance, ou de ceux qui empêchaient l'acheteur
d'avoir la chose ; soit que lui-même vendeur les eût

gnorés ou non. Nous aurons à examiner dans le chapitre suivant les différents degrés de responsabilité du
vendeur, suivant qu'il a été de bonne ou de mauvaise
foi. En tenant compte de l'élément intentionnel, l'acheteur pourra, suivant les cas, recourir tantôt aux actions
qui naissent du contrat de vente, comme l'*actio empti*,
l'*actio stipulatu*; tantôt aux actions qui naissent de
l'édit, *actio ex redhibitoria* et *actio quanti minoris*. Certains interprètes ont pensé que cette dernière action avait son origine dans le droit civil; le contraire
nous paraît suffisamment résulter de la L. 38, D. *De
Ædil. édict.*, 21, 1. Nous pourrons d'ailleurs revenir
sur cette question, quand nous aurons à nous demander, dans notre chapitre troisième, quelle est, relativement à la réparation du dommage, l'étendue des différentes actions que nous venons d'énumérer. Il ne s'agissait ici que des causes de ce même dommage : nous
croyons les avoir suffisamment indiquées.

CHAPITRE DEUXIÈME.

DE L'ÉTENDUE DES DOMMAGES ET INTÉRÊTS.

Notre première question ayant été résolue dans le
précédent chapitre, la seconde se présente ici dans un
ordre naturel. Nous savons qu'il s'est produit un fait
dommageable et qu'un agent libre doit en assumer la
responsabilité; mais ce préjudice, quelle est son étendue? Cette responsabilité, quelle est sa limite? Quels

sont les rapports de l'une à l'autre? Tel est le second problème qui se pose devant nous et qui doit se présenter au juge avant d'arriver au dernier mot de la grande question qui nous occupe : la réparation. A cet égard, nous allons nous demander, dans une série de paragraphes successifs : 1° en quoi consistent les dommages et intérêts; 2° comment on doit les limiter, en tenant compte soit du fait qui a causé le dommage, soit de la bonne ou de la mauvaise foi de son auteur ; 3° quelles suites éloignées du fait peuvent entrer dans la réparation ; 4° quels dommages et intérêts peuvent être accordés pour des suites qui paraissent éloignées du fait dommageable ou pour des pertes qui dépendent de l'avenir.

§ 1. — *En quoi consistent les dommages et intérêts.*

Comme nous l'avons démontré dans nos préliminaires, « les dommages et intérêts dus au créancier sont, » en général, de la perte qu'il a faite et du gain dont » il a été privé. » C'est la traduction que l'art. 1149 C. N. nous donne du texte de Paul (L. 13, *Rat. rem. hab.*). C'est l'idée complexe que les commentateurs désignent sous les expressions : *Damnum emergens, lucrum cessans.* Rien de plus simple que d'apprécier le préjudice *mis en relief*, pour ainsi dire, par le fait illicite; nulle évaluation plus délicate que celle du profit non réalisé, des bénéfices rendus impossibles.

Montrons, par un exemple, comment ces deux éléments se distinguent l'un de l'autre. A cet égard, voici comment s'exprime Africain dans la L. 33 *in fine,* ff. *locati* (19, 2).

« Nam et si colonus tuus fundo frui à te, aut ab eo
» prohibeatur, quem tu prohibere, ne id faciat, pos-
» sis, tantum ei præstabis, quanti ejus interfuerit frui,
» in quo etiam lucrum ejus continebitur. »

Ce texte est d'une clarté qui nous dispense de toute
explication : d'ailleurs la distinction *vulgaire* entre le
damnum emergens et le *lucrum cessans* va s'éclaircir
encore, lorsque nous aurons déterminé l'étendue des
dommages et intérêts, d'après les causes du préjudice
et les conséquences qu'il entraîne.

§ 2.

Nous plaçant à un deuxième point de vue, il faut
maintenant considérer la qualité du fait illicite, la responsabilité qui doit incomber à l'agent coupable. Il
est impossible, du reste, d'établir une distinction mar-
quée entre l'une et l'autre; elles s'enchaînent et se
confondent. Prenons toujours, comme exemple, le contrat de bonne foi par excellence, la vente qui nous a
servi, qui doit encore nous servir de type dans nos
développements. Les dommages et intérêts, nous
l'avons démontré dans notre premier chapitre, peuvent
naître d'un fait qui précède, qui accompagne ou qui
suit l'exécution du contrat. C'est ainsi que nous avons
distingué entre le dol, la faute, la demeure d'une
part, l'éviction de l'autre. Examinons les deux hypothèses que suppose cette distinction. Dans la première,
c'est-à-dire lorsque l'exécution imparfaite du contrat
résulte d'un fait ou d'une omission qui implique le dol,
d e n e u r e ou la faute, nous avons au D. un texte de

Paul fort explicite qui forme la L. 21, § 3, *De act. empti* (19. 1).

« Cum per venditorem steterit, quo minus rem tra-
» dat, omnis utilitas emptoris in æstimationem venit,
» quæ modo circa ipsam rem consistit. »

Mais rapportons le texte tout entier :

« Neque enim, si potuit ex vino puta negotiari et lu-
» crum facere; id æstimandum est, non magis, quam
» si triticum emerit, et ob eam rem, quod non sit tra-
» ditum, familia ejus fame laboraverit ; nam pretium
» tritici, non servorum fame necatorum, consequitur.
» Nec enim major fit obligatio quod tardius agitur,
» quamvis crescat, si vinum hodie pluris sit. »

Il faut rapprocher de ce texte un fragment de Pomponius, inséré dans le même titre du Digeste, L. 3,
§ 3 :

« Si per venditorem vini mora fuerit quominus tra-
» deret, condemnari eum oportet, utro tempore vinum
» pluris fuit; vel quo venit, vel quo lis in condemna-
» tionem deducitur. »

Il résulte de la combinaison de ces deux fragments
que, si le débiteur ne doit jamais profiter d'un injuste
retard, « les dommages et intérêts ne doivent compren-
» dre à l'égard de la perte éprouvée par le créancier et
» du gain dont il a été privé, que ce qui est une suite
» immédiate et directe de l'inexécution de la conven-
» tion. » C'est ainsi que l'art. 1151 de notre code formule le principe très-juridique et très-équitable que
'on peut dégager du texte de Paul. Sans doute, les
dommages et intérêts se composent du *damnum emergens* et du *lucrum cessans*, mais encore faut-il que ces

pertes effectives ou possibles aient pour cause, pour cause unique, le fait illicite du débiteur. Or, dans l'espèce de la L. 22, § 3, l'acheteur, pour réaliser des bénéfices sur le vin, aurait eu besoin d'une certaine industrie ; pour ne point laisser mourir de faim ses esclaves, il lui aurait suffi d'un peu d'activité, de prévoyance ; le défaut de livraison n'a point seul occasionné leur mort, le débiteur ne sera donc pas tenu des pertes qui en résultent.

La question de bonne ou de mauvaise foi chez le débiteur se présente dans notre seconde hypothèse ; celle de la garantie résultant des vices cachés ou de l'éviction. La première est prévue par Domat au n° 8 de son chapitre sur les dommages et intérêts. L'auteur y rapporte plusieurs textes qui se réfèrent les uns à la vente, les autres au louage.

Citons la fameuse L. 13 D., *De act. empti* qui nous paraît le meilleur résumé des principes sur cette matière :

« Julianus, libro quinto decimo Digestorum, inter
» eum, qui sciens quid, aut ignorans vendidit, differen-
» tiam facit in condamnatione ex empto ; ait enim :
» qui pecus morborum aut tignum vitiosum vendidit,
» si quidem ignorans fecit, id tantum ex empto actione
» præstaturum, quanto minoris essem empturus, si id
» ita esse scissem ; si vero sciens reticuit, et empto-
» rem decepit, omnia detrimenta, quæ ex emptione
» emptor traxerit, præstaturum ei ; sive igitur ædes vi-
» tio tigni corruerunt, ædium æstimationem, sive pe-
» cora contagione pecoris morbosi perierunt, quod
» interfuit idonei venisse erit præstandum. »

On peut tirer de ce texte les deux propositions suivantes : 1° la vente d'un corps nuisible ou d'un objet
de mauvaise qualité, faite de bonne foi par le vendeur,
ne soumet celui-ci qu'à une action *quanti minoris*, c'est-
à-dire en diminution du prix.

2° Une vente faite de mauvaise foi, dans les mêmes
conditions oblige le vendeur à la prestation de tous les
dommages et intérêts qui peuvent résulter du vice
caché des choses qu'il a vendues.

Mais voici que Domat, pour confirmer la doctrine de
la Loi 13 *Princ.*, *De act empti*, met en regard de ce texte
la L. 19, § 1, D. *Locati* qui prévoit deux hypothèses
différentes :

« Si quis dolia vitiosia ignarus locavérit, deinde
» vinum effluxerit, tenebitur in id quod interest, nec
» ignorantia ejus erit excusata. Et ita Cassius scripsit.
» Aliter atque si saltum pascuum locasti, in quo herba
» mala nascebantur : hic enim si pecora demortua sunt,
» vel etiam deteriora facta, quod interest præstabitur si
» scisti : si ignorasti, pensionem non petes. Et ita Ser-
» vio, Labeoni, Sabino placuit. »

Sans doute le deuxième exemple proposé par le jurisconsulte reutre parfaitement dans la théorie de la Loi
13 *Princ.*, *De act. empti*. C'est la même distinction,
du prix dans l'un, de la redevance dans l'autre. Mais
d'où vient que dans le premier exemple, la bonne foi
du bailleur ne le dispense pas de payer tous les dommages et intérêts du preneur ? Domat lui-même a
donné, dans un autre passage de *ses Lois civiles*, la raison de cette différence ; elle tient à la nature même du
contrat de louange. Celui qui donne une chose à bail

doit la donner telle qu'elle doit être pour son usage, car le bailleur n'est pas tenu seulement *ut conductori habere, sed frui liceat.* Que si les prudents abandonnaient cette solution, fort équitable du reste, au cas où il s'agissait de pâturages infestés de plantes vénéneuses, c'est que nulle prudence humaine ne saurait prévoir les mille circonstances, qui peuvent changer presque subitement, la nature et la qualité des herbes d'une prairie.

Telle est l'explication de ces textes qui nous a paru la plus simple et la plus rationnelle ; nous l'appuyons sur la nature même des choses et des contrats ; nous la plaçons sous la double autorité de Domat et de Dumoulin.

Voilà pour ce qui concerne la réparation du chef des vices cachés ; celle qui résulte de l'éviction est soumise à d'autres règles.

Les textes généralement cités à ce sujet, sont la L. 8, ff. (XXI, 2), *De evictionibus et duplæ stipulatio ;* et la L. 79 du même titre ; enfin les LL., 43 et 45, § 1, ff. *De actionibus empti* (19, 1). Il convient de grouper avec soin ces divers fragments, car on sait quel abus en a fait Dumoulin, et Pothier après lui, et comment leur doctrine est venue trouver place dans les dispositions de notre Code (1).

« Venditor hominis, » dit la L. 8, *de evictionibus,* » emptori præstari debet quanti ejus interest hominem

---

(1) Pothier et Dumoulin ont parfaitement suivi la doctrine romaine, en tant qu'elle tient compte de la bonne ou de la mauvaise foi du vendeur, pour déterminer la réparation, mais ils se sont trompés en distinguant le *pretium* de l'*id, quod interest* contrairement aux textes les plus formels.

» venditoris fuisse; quare sive partus ancillæ, siv こ here-
» ditas quam servus jussu emptoris adierit, evicta fue-
» rit, agi ex empto potest : et sicut obligatus est ven-
» ditor ut præstet licere haberi hominem quem vendi-
» dit, ita ea quoque, quæ per eum acquiri potuerunt
» præstare debet emptori ut habeat. »

Paul s'exprime ainsi dans la L. 70 du même titre :
« Evictâ re, ex empto actio non ad pretium duntaxat
» recipiendum, sed ad id quod interest competit. Ergo
» et si minoris esse cœpit, damnum emptoris erit. »

Jusqu'ici la question de bonne foi ne se présente pas;
le vendeur doit réparer tout le dommage que l'acheteur
a souffert du chef de l'éviction ; car ce dommage, on a
pu le prévoir lors du contrat. Mais arrivons aux LL. 43,
in fine, et 45, § 1, *De act. empti.* L'acheteur a fait de
grandes dépenses pour l'éducation de l'esclave ; celui-
ci est devenu un acteur célèbre ; l'éviction se produit,
il ne sera pas tenu compte de cette augmentation de valeur que les parties ne pouvaient prévoir lors de la
vente. Mais empressons-nous d'ajouter la restriction de
la L. 45, § 1 : « In omnibus his casibus, si sciens quis
» alienum vendiderit, omnino teneri debet. ».

Quel commentaire pourrions-nous ajouter à ces textes qui les rendît plus clairs et plus explicites ? Leurs
dispositions se suivent dans un ordre d'idées logique
et lumineux ; le moment n'est pas encore venu de montrer comment on les a mis à la torture pour leur faire
produire la théorie des art. 1630 et suiv. C. N. C'est
en les rapprochant de ces articles, que nous pourrons
leur donner les développements nécessaires à l'intelligence de notre législation sur la garantie. Nous n'avions

qu'un but dans ce chapitre, c'était d'étudier l'influence
de la bonne ou de la mauvaise foi du débiteur sur l'é-
tendue des dommages et intérêts. Dans le paragraphe suivant, nous allons examiner le fait dommageable à un
autre point de vue, celui des conséquences qu'il entraîne.

§ 2.

Il s'agit ici, suivant les expressions de Domat,
« de discerner, dans toute l'étendue du dommage qui
» est arrivé, ce qui doit en être imputé à celui qui est
» obligé de dédommager, et ce qui ne doit pas lui
« être imputé. » Nous avons déjà touché, dans nos
préliminaires, le point sur lequel il faut maintenant insister. Point de faits sans conséquences, avons-nous
dit ; point de cause, sans effets. Mais dans l'appréciation de ces effets et de ces conséquences, il faut faire
la part de la liberté humaine, la part des événements
et des cas fortuits. Les exemples à cet égard sont devenus classiques ; c'est un propriétaire qui, au moment
de la moisson ou des vendanges, fait marché avec un
homme qui s'engage à lui fournir des voitures et des
bras ; celui-ci manque à sa promesse, les récoltes restent sur pied ; survient une grêle qui les ravage ; le propriétaire frustré des bénéfices sur lesquels il comptait,
manque à des engagements antérieurs, on saisit ses
biens, il tombe en faillite. Plusieurs questions à examiner. Pourquoi l'entrepreneur n'a-t-il point satisfait à
son obligation ? Est-ce mauvaise foi de sa part ? est-ce
négligence ? Le propriétaire pouvait-il en déployant
un peu d'activité, se procurer d'autres ouvriers ? La

perte de sa récolte est-elle la seule cause de sa ruine ?
Les jurisconsultes romains avaient prévu ces différentes
hypothèses, et le texte de Paul déjà cité L. 21, D. *De
act. empti*, peut servir de guide en pareille circonstance.
On peut y joindre, comme règle d'appréciation, la
maxime posée par Ulpien dans la L. 64, D. *De reg. jur.* :
*Ea, quæ raro accidunt, non temere in agendis negotiis
computantur.* On voit, d'après ce texte cité par Domat
lui-même, que la question de savoir en quoi consistent les dommages et intérêts n'est point toujours,
comme cet auteur l'affirme d'une manière absolue,
une question de droit ; les faits y jouent un grand rôle,
et la question de droit ne se présente nettement déga-
gée que lorsqu'il s'agit d'établir la responsabilité qui
doit peser sur le débiteur coupable. Ceci nous amène à
examiner, en peu de mots, la terminologie de certains
interprètes, qui distinguent entre ce qu'ils appellent
damnum indirectum, utilitas intercepta. Cette dernière se
confond pour eux avec le *lucrum cessans.* Mais que faut-il
entendre par les premières expressions ? à coup sûr ce
n'est point le *damnum emergens*, car s'il est quelque
chose d'immédiat et de direct, c'est le dommage effectif
qui résulte de la violation du droit. Nous comprendrions
plutôt que cette dénomination s'appliquât au *lucrum
cessans*, quoiqu'il doive trouver sa cause prochaine
dans le fait illicite.

Damnum indirectum, d'après les auteurs dont je
parle, c'est « la diminution de valeur que la perte
« d'une chose a déterminée dans d'autres choses, »
hypothèse prévue par la L. 22, D. (IX, 2). On en rapproche celles que nous avons déjà examinées et qui se

trouvent dans les trois premiers paragraphes de la
L. 13, ff. *De act. empti*. On compte enfin dans le *damnum indirectum* tout ce que la L. 33, D. (IX, 2) désigne par ces mots : *Quæcumque erogare cogimur*. Mais
que vient faire ici cette qualification du dommage?
Pourquoi l'appeler indirect? Lorsque, par mon dol ou
ma faute, vos troupeaux sont atteints d'une maladie
contagieuse, lorsque votre maison s'écroule par le vice
des matériaux que je vous ai fournis, lorsque votre
attelage est déprécié par suite de la négligence que
j'ai mise dans la garde et les soins du cheval que vous
m'aviez prêté; à qui la faute? à qui la responsabilité?
où est la cause directe de votre préjudice? Si vous la
trouvez dans mon fait personnel, pourquoi l'appeler
damnum indirectum. Concluons-en qu'il faut s'en tenir
à l'ancienne distinction un peu scolastique peut-être
dans les termes, mais très-rationnelle dans la réalité
des choses.

<h2 style="text-align:center">§ 4.</h2>

Toujours dans l'ordre d'idées où nous écrivons, et
pour terminer ce chapitre, il nous reste à présenter
quelques considérations sur l'étendue des dommages
et intérêts, lorsque l'on veut tenir compte de certaines
conséquences du fait illicite qui paraissent éloignées, ou
de préjudices probables, mais non encore réalisés. Le
même fait peut être la cause unique d'une série de
dommages. Ainsi l'impéritie d'un architecte, et nous
citons l'exemple donné par Domat, peut causer la
ruine de la maison qu'il s'était chargé de construire,

et la double perte résultant d'une reconstruction et de l'interruption des baux. Il n'en est pas ici comme dans le cas de récoltes emportées par un orage ; les cas fortuits n'ont joué aucun rôle, la faute de l'entrepreneur a tout perdu, il doit répondre de tout. Reste à savoir, mais ceci rentre dans le suivant chapitre, si le juge peut apporter quelque tempérament à la rigueur d'une exacte justice. La même question doit se poser aussi quand il s'agit de pertes sur lesquelles l'avenir peut exercer une certaine influence. C'est un locataire évincé d'un bail, qui était pour son commerce une cause de prospérité ; c'est un fermier expulsé d'un fonds qui lui donnait et lui promettait de gros bénéfices ; mais combien de circonstances pourraient influer sur les profits de l'un et de l'autre ? Le juge doit tout peser tout prévoir ; mais nous touchons encore à l'évaluation et non plus à l'étendue des dommages et intérêts. C'est que, dans cette matière, il est impossible d'établir des barrières entre chaque division. Il est des idées que l'on ne sépare pas. Fournir les éléments d'une décision, c'est préjuger de cette dernière.

CHAPITRE III.

DE L'ÉVALUATION DES DOMMAGES ET INTÉRÊTS.

Ce chapitre se divise naturellement en deux parties bien distinctes, qui feront chacune l'objet d'une section différente. La fixation des dommages et intérêts peut être, en effet, l'œuvre des parties contractantes ou celle

du juge. C'est une idée générale de la matière : clause
pénale, devoir du juge, tels sont les deux points prin-
cipaux que l'on peut tout d'abord y marquer.

Section 1. — De la clause pénale.

A cet égard, nous aurons, 1° à donner la définition et
les caractères essentiels de la clause pénale en droit romain ; 2° à étudier le cas où le créancier peut poursuivre à son choix la peine ou l'exécution du contrat,
ou l'une et l'autre cumulativement; 3° à rechercher
quand, et comment, la peine est encourue ; 4° enfin à
nous demander ce qui arrive lorsque la peine est encourue par les héritiers du débiteur ou à l'égard des
héritiers du créancier.

§ 1er.

Nous trouvons dans les *Instituts* mêmes une notion
élémentaire et générale de la clause pénale. C'est au § 7
du titre *De verborum obligat.* (III, 15), qu'il faut se reporter. De ce texte, il résulte que la clause pénale est un
engagement accessoire par lequel le débiteur s'engage à
une prestation déterminée pour le cas où il manquerait
à sa promesse. Mais faut-il avec Molitor, qui nous fournit les termes de cette définition, ajouter que cet engagement accessoire à pour but d'assurer « l'obligation
» principale? » Nous ne le pensons point. C'est bien là sans
doute la raison dernière de toute clause pénale, en droit
romain aussi bien qu'en droit français ; mais dans la
première de ces législations, il faut partir de cette idée,
que la clause pénale a un autre but. Celui d'éviter au

créancier les difficultés que pourrait présenter la preuve à faire de son intérêt à l'exécution du contrat principal, *ne quantitas stipulationis in incerto sit*, nous dit le § 7.

Dans l'espèce de ce paragraphe l'obligation principale a pour objet un *facere;* or nous savons déjà que *nemo præcise cogi potest ad factum;* par conséquent, toute obligation de faire se résout en dommages et intérêts, mais ceux-ci doivent être rigoureusement prouvés, et dans une obligation de faire cette preuve est parfois très-difficile. On peut même conjecturer qu'à l'origine, toute stipulation ayant un *facere* pour objet, était nulle, si les parties n'avaient eu le soin d'y ajouter une clause pénale ; dans l'ancien droit civil, en effet, rien n'était abandonné à l'arbitrage du juge, à part la connaissance des faits ; même à l'époque classique, la clause pénale est encore d'une grande utilité, toutes les fois qu'il s'agit non plus de faire, mais de donner autre chose qu'une somme d'argent ; en un mot, toutes les fois que la prestation n'est point évaluée. Nous avons, à cet égard, un fragment très-explicite qui forme la L. 11 D. *De stipulationibus prætoriis* (46, 5) : «In ejus-
» modi stipulationibus, quæ quanti res est, promis-
» sionem habent, commodius est certam summam
» comprehendere : quoniam plerumque difficilis pro-
» batio est, quanti cujusque intersit, et ad exiguam
» summam deducitur. »

En effet, le *juramentum in litem* n'étant pas admis dans les actions *stricti juris*, le créancier pouvait ne fournir au juge que des données très-incertaines. Nous devons rapprocher du texte de Venuleius un fragment de Paul (L. 68, ff. *De verb. oblig.* 45, 1).

« Si pœnam stipulatus fuero, *si mihi pecuniam non*
» *credidisses,* certa est et utilis stipulatio. Quod si ita
» stipulatus fuero, pecuniam te mihi crediturum
» spondes?... Incerta est stipulatio : quia id venit in
» stipulationem quod mea interest. »

Ainsi la première obligation est *incerta*, la seconde est toujours *certa* ; c'est là un premier caractère
de la clause pénale, un caractère essentiellement romain.

En second lieu, la clause pénale est un engagement
accessoire, d'où nous devons conclure que la nullité
de la première obligation entraîne la nullité de la seconde ; c'est ce qui est exprimé par Ulpien dans la
L. 69, D. *De verbor. oblig.*, et dans l'art. 1227 **C. N.**,
al. 1ᵉʳ. Enfin, troisième caractère, les jurisconsultes
romains ont toujours considéré la clause pénale comme
une obligation conditionnelle. C'est ce qui nous explique peut-être, la place de notre § 7 aux Instituts
à la suite du texte où sont exposés les principes
généraux sur la condition. Notre proposition devient
d'ailleurs de toute évidence, quand on la met en regard de la constitution de Justinien devenu la **L. 12,**
De contrahenda et committenda stipulatione, **C. 8, 38.**
La loi **77, D.** *De verb. oblig.*, est conçue dans le même
ordre d'idées.

Remarquons, avant de passer à notre deuxième paragraphe, que si la clause pénale ajoutée à un contrat
de bonne foi n'est point suffisante, le demandeur peut
agir par l'action née du contrat pour obtenir un désin-
téressement complet. Nous aurons à examiner, dans
notre chapitre 4, si la somme stipulée sous forme de

— 55 —

peine est sujette à réduction, et si l'on peut tirer argument pour l'affirmative de la célèbre constitution
de Justinien.

§ 2.

Il résulte de la L. 28, D. *De act. empti* (19, 1) que
le créancier ne peut poursuivre à la fois la peine et
l'exécution de l'obligation principale ; mais, comme
dans l'espèce rapportée par Julien, la clause pénale est
ajoutée à un contrat de bonne foi, le jurisconsulte
décide, et nous devons noter cette décision, que
si le créancier n'a pas obtenu un dédommagement
suffisant par l'action *ex stipulatu*, il pourra le faire
compléter par l'action née du contrat : *nisi in id,
quod pluris ejus interfuerit, id fieri.* Voy. en outre
LL. 4, § 7, D. (*De doli mali except.*) 44, 4 ; 10, § 1, *De
pactis*, 2, 14.

Choix du créancier, voilà donc le principe ; indiquons
tout de suite les restrictions : on peut les résumer dans
la formule suivante : le créancier perd le choix toutes
les fois que la nature de l'obligation principale le rend
impossible. C'est ce qui arrive notamment, 1° lorsque
la clause pénale est ajoutée à une promesse ou à une
stipulation pour autrui, § 19, *Instit. de inut. stip.* III, 19);
2° lorsque l'obligation principale consistait à ne pas
faire. L. 122, § 6, D. *De verb. oblig.* (45, 1). Le créancier ne peut donc cumuler, il ne peut que choisir ; mais
n'est-il pas des cas où, par exception, il peut exiger à
la fois la peine et l'exécution de l'obligation principale ?
Il faut répondre affirmativement, toutes les fois que telle
paraît être l'intention des parties. Or cette intention

peut se manifester par une déclaration expresse, ou résulter des circonstances. Papinien est très-formel sur ce point dans la L. 115, § 2, *in fine,* D. *De verborum oblig.* : *Cum id actum probatur, ut si homo datus non fuerit, et homo et pecunia debeantur.*

Mais ici se présente une difficulté qu'il faut examiner avec soin, parce que nous la retrouverons plus tard en droit français. Cette difficulté résulte de deux locutions employées par les textes, pour exprimer l'intention formelle qu'ont eue les parties d'accorder au créancier la faculté de cumuler le bénéfice de la peine et de l'obligation principale. De ces deux expressions, l'une : *salvo manente pacto,* se trouve dans la L. 16, D. *De transactionibus,* 2, 15 ; l'autre : *manente transactionis placito,* est consignée dans la L. 16, C., au même titre *De transactionibus* (2, 4).

La question est de savoir si la transaction suit des règles particulières, et si quand les parties contractantes y ont ajouté une clause pénale, l'une peut, au cas de contravention de la part de l'autre, poursuivre à la fois la peine et le principal.

Je rapporte d'abord les deux actes sur lesquels repose la difficulté. Hermogénien s'exprime ainsi dans la L. 16 *De transactionibus* : « Qui fidem licita transactionis
» rupit, non exceptione tantum summovebitur, sed et
» pœnam, quam si *contra placitum fecerit, rato manente*
» *pacto* stipulanti recte promiserat, præstare cogetur.»

La Loi 16, au Cod., est un rescrit des empereurs Dioclétien et Maximien :

« Cum proponas ab ea, contra quam supplicas, li-
» tem, quam tecum habuit, transactione decisam :

» eamque acceptis his, quæ negotii dirimendi causa
» placuerat dari, nunc de conventione resiluisse : ac
» petas, vel pacto stari, vel data restitui : perspicis,
» siquidem de his reddendis *manente transactionis*
» *placito*, statim stipulatione, si contra fecerit, pros-
» pexisti, et viginti quinque annis major fuerit ; quod
» exceptionem pacti, actionem datorum habeas : quod
» si nihil tale convenit, exceptio tibi, non etiam eorum
» quæ dedisti, repetitio competit, parta securitate. »

Si les expressions : *rato manente pacto*, *manente transactionis placito* servent ordinairement à manifester
l'intention formelle des parties, relativement au cumùl
du principal et de la peine, les deux textes que nous
venons de citer ne préjugent nullement la question qui
nous occupe ; ils statuent sur le droit commun et pro-
clament ce principe général, qu'il faut avant tout s'en
rapporter aux volontés des parties contractantes.

Or, dans l'hypothèse du fragment d'Hermogénien
comme dans celle du rescrit des empereurs, l'intention
des parties est manifeste. Mais faut-il conclure avec
Molitor, de la dernière phrase du deuxième texte, « qu'il
» est impossible d'admettre que la transaction soit
» régie par des règles spéciales ? » Nous ne le pensons
pas, et nous essayerons de démontrer que l'opinion contraire doit prévaloir.

Repoussons d'abord l'argument que l'on prétend
tirer des derniers mots du rescrit. En y faisant allusion,
M. Molitor s'exprime en ces termes : « Cette loi ajoute
» que si une pareille convention : (*salvo manente*
» *pacto*) n'était pas intervenue, celui qui aurait trans-
» igé moyennant une somme payée par lui, n'aurait

» que le choix, soit de se prévaloir de l'exécution du
» pacte, soit de répéter la somme. » Vient ensuite
la conclusion que nous avons rapportée quelques lignes
plus haut. Cette conclusion nous paraît forcée; le texte
se borne à dire que si l'on n'a point ajouté de clause
pénale à la transaction, celle des parties qui se plaint
de l'inexécution du contrat pourra seulement opposer
l'exception du pacte; si elle ne peut exercer la répétition de la somme, c'est que le contrat ne la lui a point
accordée; en ce cas, elle est suffisamment protégée par
le contrat principal, *parta securitate*, nous dit le rescrit.

Ce qui prouve bien d'ailleurs que la transaction est
soumise à des règles spéciales, ce sont les deux textes
suivants dont un, de l'avis même de Molitor, laisse
planer du doute sur la question, et l'autre ne peut
s'expliquer que par une sorte d'hypothèse divina-
toire.

C'est d'abord la L. 40 C. au même titre *De transactionibus*. Dans cette constitution, les empereurs Gra-
tien, Valentinien et Théodose statuent sur une espèce
qui a grande analogie avec celle de la Loi 17 (*h. t.*), et
voici comment ils s'expriment : « Pœna una cum his
» quæ data probantur, ante cognitionem causæ (si
» adversarius hoc maluerit) inferenda est. » Rien dans
le texte n'indique ou ne peut faire présumer que les
parties aient introduit une stipulation expresse relativement au cumul.

Mais comment hésiter un instant en présence de la
L. 122, § 6, D. (*De verbor. oblig.* 45, 1)? Pothier cite ce
fragment au n° 348 de son *Traité des obligations*, où il
donne en même temps la raison de décider la question

qui nous occupe. Il s'agit, dans l'espèce, de deux frères qui ont fait une transaction à la suite d'un partage, avec clause pénale contre celui qui voudrait l'attaquer; cette condition se réalise, et Scœvola décide que *pœna committitur*. « La raison est, » dit Pothier, « qu'en sti-
» pulant de vous, sous une certaine peine, que vous ne
» reviendriez pas contre l'acte, ce que j'ai entendu
» n'était pas précisément que vous ne porteriez aucune
» atteinte à cet acte, lequel étant valable par lui-
» même, n'en était pas susceptible, quand même je
» ne l'aurais pas stipulé; ce que j'ai entendu stipuler
» de vous, était plutôt que vous ne me feriez pas de
» procès : il suffit donc que vous m'ayez fait un procès,
» quoique vous y ayez succombé, pour qu'il y ait ou-
» verture à la peine. »

Et la raison juridique de la décision que nous avons adoptée nous paraît pleinement confirmée par une explication rationnelle. Les parties, en ajoutant une clause pénale à la transaction, ont-elles voulu compenser les dommages et intérêts qui pourraient résulter de la rescision de cet acte obtenue par l'une d'elles? Nullement ; elles ont voulu assurer leur tranquillité. Le deman-deur en rescision vient la troubler ; la condition sous laquelle l'obligation de ne pas faire s'était formée, se réalise ainsi ; dès lors les dommages et intérêts, en vertu des principes généraux, sont dus par le seul fait de la contravention. Peu importe que la partie attaquée triomphe plus tard contre le demandeur ; on ne sau-rait dire qu'elle obtient à la fois le bénéfice des deux obligations cumulativement. La transaction avait tout terminé, *parta securitate,* nous disait un texte ; la clause

pénale était seule en jeu, elle est encourue par le fait de
la demande. Cette doctrine nous paraît la plus conforme
à l'intention des parties ; elle rentre parfaitement dans
les termes de la L. 122, § 6, et nous dispense de dire
avec Molitor que dans l'espèce de cette loi, « la peine
» stipulée était tellement minime qu'elle ne pouvait
» être considérée comme tenant lieu de tous les dom-
» mages et intérêts qui seraient résultés de l'inexécu-
» tion, mais qu'elle était destinée seulement à com-
» penser le dommage causé par cela seul qu'on serait
» obligé de soutenir une instance de justice. » Rien de
semblable dans le texte de Scœvola. Le jurisconsulte
n'entre point dans ces détails ; nous croyons donc, avec
Pothier, qu'il nous donne la règle à suivre, plutôt qu'une
exception à signaler, comme le pense Molitor. La solution que nous avons adoptée va nous servir, pour tran-
cher, dans le paragraphe suivant, une autre question
fort importante.

§ 3. — *Quand et comment la peine est encourue.*

Il faut distinguer à cet égard entre les obligations de
donner ou de faire et celles de ne point faire quelque
chose. Au premier cas, il faut encore sous-distinguer,
suivant que la convention contient ou ne contient pas
un terme précis pour l'exécution. Dans la première de
ces deux hypothèses la peine est due de plein droit aussitôt après l'expiration du terme sans qu'il soit besoin d'une
mise en demeure. C'est ce qui résulte des premiers
mots d'un fragment d'Africain qui forme la L. 23, D.
O a A. (44, 7).

Nous avons du reste une décision formelle de Justinien que nous avons déjà signalée et qui se trouve dans la L. 12, C. *De contrah. et commit.* VIII, 38.

Dans la seconde hypothèse, la peine n'est encourue que par la *litis contestatio* sur la demande du créancier. L. 122, § 2, D. *De verb. oblig.* Que s'il s'agit d'une obligation de ne pas faire, la peine est encourue par le seul fait de la contravention du débiteur. Mais faut-il nécessairement que le fait qui donne ouverture à l'obligation pénale ait produit son effet? Ceci est une question d'intention, et nous avons décidé plus haut que les clauses pénales ajoutées à une transaction devaient être interprétées en ce sens, que la peine est encourue par le seul fait de l'action intentée, pour obtenir la résolution du contrat principal.

Il faut remarquer d'ailleurs, dans ces différentes hypothèses, que la peine n'est point encourue si l'omission n'est point imputable au débiteur. C'est ce que décide positivement la loi 17, § 3, D. *De usuris et fructibus, etc.* (XXII, 1).

Il résulte de la loi 21, § 8, D., *De receptis qui arbitrium, etc.* (IV, 8) que la peine n'est point encourue lorsque l'obligation principale a cessé d'exister : « Si » intra diem compromissi, nous dit Ulpien dans ce » texte, aditus arbiter, post diem compromissi adesse » jusserit, pœna non committetur. » La loi première, au C. *De receptis arbitris* (II, 46), se place absolument dans la même hypothèse.

On se demande si la L. 15, D. *De transactionibus,* (II, 15) ne contredit point les deux textes précédents. « Pacto convento Aquiliana quidem stipulatio subjici

» solet : sed consultius est, huic pœnalem quoque sti-
» pulationem subjungere : quia rescisso forte pacto,
» pœna ex stipulatu peti potest. » Tel est le texte de
la L. 15. Il n'y a pas, ce nous semble, deux significa-
tions à donner aux expressions *forte rescisso pacto*. Le
mot *forte* laisse planer un vague sur les différentes hypothèses qui peuvent amener la rescision de la transaction ; mais quelle que soit d'ailleurs la cause de cette
rescision du pacte, la peine ne pourra pas moins être
réclamée. Faut-il en conclure, contrairement aux principes et aux textes précités, que la nullité de l'obligation
principale n'entraîne point celle de l'obligation accessoire ? Nous ne le pensons pas ; il faut appliquer ici les
principes que nous avons exposés plus haut sur la nature particulière de la transaction ; car, comme le dit
Pothier , l'obligation principale que vous avez contractée envers moi de ne pas revenir contre l'acte, et
à laquelle l'obligation pénale était attachée, avait pour
objet que vous ne ne me feriez pas de procès ; je n'ai
pas été satisfait, puisque vous m'en avez fait essuyer
un : je peux donc exiger la peine.

En un mot la partie qui transige a voulu prendre la
voie la plus sûre pour mettre ses intérêts à couvert.

Pothier examine longuement (n° 350 et suiv. *Traité
des oblig.*) la question de savoir si le débiteur peut, en
s'acquittant par parties de son obligation, éviter la
peine pour partie. Il cite à cet égard un texte d'Ulpien,
qui forme la L. 9, § 1, Dig. *Si quis caut.* et qui est
ainsi conçu :

« Siplurium servorum nomine , judicio sistendi
» causa, una stipulatione promittitur ; pœnam quidem

» integram committi, licet unus status non sit, Labeo
» ait : quia verum sit, omnes statos non esse : verum,
» si pro rata unius offeratur pœna, exceptione doli
» usurum eum , qui ex hac stipulatione conveni-
» tur. »

On a fait observer avec juste raison que la loi 85,
§ 6, D. *De verbor. oblig.*, n'était pas contraire au texte
précédent. Il s'agit en effet, dans cette loi 85, d'une
seule obligation conditionnelle de 100. *Si le fonds
Titien n'a pas été livré,* vous me donnerez cent pièces
d'or; et le jurisconsulte décide que : *non prodest partes
fundi tradere, cessante uno; quemadmodum non prodest
ad pignus liberandum partem creditori solvere.* Passons
maintenant à l'hypothèse de notre § 4, qui doit solli-
citer toute notre attention.

§ 4.

Il s'agit ici de savoir ce qu'il faut décider lorsque
la peine est encourue par les héritiers du débiteur, ou
à l'égard des héritiers du créancier.

Citons d'abord les textes. *Pomponius,* dans les §§ 3
et 4 de la L. 5, D. *De verb. oblig.*, s'exprime ainsi :
« Si sortem promiseris et si ea soluta non esset pœ-
» nam , etiam si unus ex heredibus tuis portionem
» suam ex sorte solverit, nihilominus pœnam commit-
» tet donec portio coheredis solvatur. § 4 : Idemque
» est de pœna ex compromisso, si unus paruerit, alter
» non paruerit sententia judicis. Sed a coherede ei
» satisfieri debet ; nec enim aliud in his stipulationi-
» bus sine injuria stipulatoris constitui potest. »

Ainsi, voilà qui est formel ; toute décision contraire serait une atteinte aux intérêts du stipulant.

Ulpien, dans la L. 3, § 1, du même titre, donne une solution analogue, lorsque la peine est encourue à l'égard d'un seul des héritiers du créancier : *Nisi pœna subjecta sit*, nous dit-il ; *nam pœna subjecta efficit ut omnibus committatur.*

Si ces textes se trouvaient isolés dans le Digeste, la question qui nous occupe ne présenterait pas grande difficulté ; mais il faut les rapprocher aussitôt des §§ 5 et 6 de la L. 2 et de la L. 4 (*loc. cit.*).

L 2, § 5. « Idcmque si in facto sit stipulatio, veluti
» si ita stipulatus fuero, per te non fieri, neque per
» heredem tuum, quominus mihi ire agere liceat? et
» unus ex pluribus heredibus prohibuerit, tenentur
» quidem et coheredes ejus, sed familiæ erciscundæ
» judicio ab eo repetent quod præstiterint : hoc et Ju-
» lianus et Pomponius probant.

§ 6. « Contra autem si stipulator decesserit, qui
» stipulatus erat, sibi heredique suo agere licere, et
» unus ex heredibus ejus prohibeatur, interesse dice-
» mus, utrum in solidum committatur stipulatio, an
» pro parte ejus qui prohibitus est ; nam si pœna stipu-
» lationi adjecta sit, in solidum commitatur ; sed qui
» non sunt prohibiti, doli mali exceptione summove-
» buntur ; sive pœna nulla posita sit, tunc pro parte
» ejus tantum qui prohibitur est, committetur stipu-
» latio. »

Dans la L. 3 (*eod. tit.*), Ulpien nous donne la raison de cette différence.

Enfin dans la L. 4, § 1, le jurisconsulte Paul rapporte l'opinion de Caton qui se fondait, pour décider la question, sur la divisibilité ou l'indivisibilité de l'obligation principale. La peine sera encourue par un seul ou par tous, suivant que l'obligation présentera l'un ou l'autre caractère.

Mais voyons, continue Paul, après avoir exposé ce système, si dans telle stipulation indivisible la peine n'est point encourue par un seul des héritiers ? puis il donne comme exemple la stipulation *Titium heredemque ejus ratum habiturum ?* « Nam hac stipulatione et » solus tenebitur qui non habuerit ratum, et solus » **aget** a quo fuerit petitum : idque et Marcello vide- » tur, *quamvis ipse dominus pro parte ratum habere* » *non potest.* » Dans le § 2, le texte nous donne trois ou quatre autres exemples de stipulations où la peine n'est encourue qu'envers un seul des héritiers du stipulant : telles sont la stipulation du double au cas d'éviction, les stipulations « Fructuaria, damni infecti, *et* ex » operis novi nuntiatione : restitui tamen opus ex ope- » ris novi nuntiatione pro parte non potest. » Et la loi se termine ainsi : « Hæc utilitatis causa ex parte stipu- » latorum recepta sunt. Ipsi autem promissori parte » neque restitutio, neque defensio contingere po- » test. »

Tel est l'ensemble des textes sur la question qui nous occupe ; il faut en dégager la série de propositions qu'ils renferment.

Pomponius décide, dans les §§ 3 et 2 de la L. 5, que la peine ne saurait être réduite par cela seul qu'elle a été exécutée pour parties par l'un des héritiers du débiteur, sauf le recours de ce dernier contre ses cohéritiers. Même décision dans la L. 2, § 5, où il s'agit d'une obligation de ne pas faire.

Le § 6 prévoit l'hypothèse de la pluralité de créanciers ; la peine est encourue pour le tout, si un seul d'entre eux a été privé du bénéfice de l'obligation principale.

Si ces textes renfermaient la solution définitive, s'ils nous donnaient le dernier mot de la question, il ne faudrait pas hésiter un seul instant à déclarer que la peine est encourue pour le tout, dès que l'obligation principale reste inexécutée par l'un des héritiers du débiteur, ou bien envers l'un des héritiers du créancier.

Mais voici que Paul, dans la L. 4, expose le système de Caton que nous avons déjà fait connaître et critique la distinction sur laquelle il se fonde en montrant telle stipulation indivisible, où créanciers et débiteurs ne pourront agir et ne seront tenus que pour leurs parts.

Quel est donc le criterium du jurisconsulte et quel sera le nôtre ? Nous pensons avec Molitor, qu'il faut s'attacher non point à l'objet, mais à la source même de la stipulation. La trouvons-nous dans la volonté des parties revêtue des formes de la stipulation ? il faut s'en tenir aux décisions de Pomponius et de Paul, dans la L. 2 ; la trouvons-nous, au contraire, dans l'interposition de l'autorité prétorienne, ou bien à la suite d'un contrat de bonne foi ? Il faut adopter la décision de Paul dans les §§ 1 *in fine* et 2 de la L. 4, *De verb. oblig.* — La L. 47, D. *De act. empti*, n'est point contraire à cette doctrine ; bien qu'ajoutée à un contrat de bonne foi (comme dans l'espèce du § 2 de la L. 4), la peine est encourue pour le tout, parce que telle est manifestement l'intention des parties contractantes. C'est ce qui résulte de l'expression *integras* employée dans ce fragment par le même jurisconsulte Paul.

Nous renvoyons à notre étude sur le droit français l'examen des théories de Pothier et de Dumoulin, précédents immédiats de notre législation, et nous abordons aussitôt la deuxième partie de ce chapitre.

Section II. — Dommages et intérêts fixés par le juge.

Le droit romain n'a pas consacré de théorie spéciale à l'action en dommages et intérêts, résultant de l'inexécution des obligations conventionnelles. C'est qu'en général, la réparation se poursuit au moyen de l'action née du contrat, lorsque c'est à l'occasion de relations contractuelles que le dommage s'est produit. Telles sont les actions qui naissent du commodat, de la vente, du louage, du dépôt, etc. C'est ce qui nous explique la maxime de la L. 152, § 2; D. *De reg. juris* : « *In contractibus quibus doli præstatio vel bona fides inest, heres in solidum tenetur.* » Il n'est ici question, bien entendu que du *dolus incidens*. Or, si le créancier d'un débiteur coupable de dol ou d'une faute lourde, ne pouvait poursuivre ce dernier que par l'*actio doli*, évidemment la L. 152 s'exprimerait autrement, puisque l'*actio doli* ne pourrait pas atteindre l'héritier. La L.

10, D. *Com. divid.* X. 51, fait l'application de ce principe à l'action en partage.

Que s'il s'agit d'un des contrats *stricti juris*, dont nous avons si souvent déjà précisé le caractère, alors, c'est par des actions spéciales que l'on poursuivra le dédommagement, quand il y aura lieu. Nous savons, en effet, que toute espèce de faute n'est point une cause de réparation dans les contrats de cette nature. Il peut même arriver qu'il y ait concours de l'action spéciale et de l'action née du contrat, lorsque le fait dommageable constitue un délit spécial. Muhlenbruch, cité par Molitor (1) en donne des exemples dans sa doctrine des *Pandectes*, § 140, note 10 et 11. Supposons, dit-il, que le locataire ait volé l'esclave qui lui a été donné en location : il sera soumis à l'*actio locati* et à l'*actio furti*. L'*actio locati* ne pouvant avoir pour objet que des dommages et intérêts, il s'ensuit que cette *actio locati* concourt électivement avec la *condictio furtiva*, et cumulativement avec l'*actio furti*, parce que cette dernière a un objet spécial, la répression d'un délit.

Lorsque les parties ont eu le soin de régler elles-mêmes, au moyen d'une clause pénale, le montant de la condamnation, la mission du juge est bien simple. Rappelons toutefois que dans les contrats de bonne foi, la demande ayant pour objet un *incertum*, le juge peut accorder, en vertu de l'action née du contrat, un dédommagement que la clause pénale n'aurait point établi dans de justes proportions. Mais lorsque les parties sont restées muettes, quand, malgré les conseils si

(1) T. I, p 239.

judicieux et si réitérés des prudents à cet égard, elles
elles n'ont point prévu le cas où leurs droits seraient
violés, alors se présente une double difficulté: celle de
l'évaluation, celle de la preuve de leur intérêt. Examinons successivement l'une et l'autre.

§ 1ᵉʳ. *Evaluation des dommages et intérêts.*

Nous allons principalement nous occuper des contrats de bonne foi, où le juge ayant une plus grande
latitude, peut tenir compte des différentes circonstances
qui entraînent réparation. On comprend facilement
que celle-ci varie, d'après les causes qui permettent de
l'exiger. Lorsque l'omission du débiteur implique le
dol, la demeure ou une faute dont il est responsable en
vertu de la convention, les dommages et intérêts com-
prennent, d'après la L. 21, § 3, D. *De act. emp. utilitas
quæ circa ipsam rem consistit;* c'est ce que nous appe-
lons aujourd'hui *lucrum cessans;* car *utilitas* est précisément le mot technique, dont se servent les jurisconsultes romains, pour désigner l'intérêt. *A fortiori,* la réparation comprend-elle le *damnum emergens,* pourvu
qu'il soit une conséquence directe et nécessaire de l'inexécution ou de l'exécution imparfaite du contrat.
Lorsque la réparation se fonde sur l'obligation de garantie, quelques distinctions sont nécessaires. S'il s'a-
git de vices cachés et que le vendeur ait été de bonne
foi, la réparation se borne à la réduction du prix jusqu'à concurrence de ce que l'acheteur aurait payé moins
s'il avait connu ces vices. C'est là une des différences
de l'action *quanto minoris* avec l'action *empti,* qui

n'est donnée généralement, que lorsque le vice a été connu du vendeur, et qui a pour objet tout dommage et intérêt.

En cas d'éviction, le vendeur, même de bonne foi, doit réparer tout le dommage que l'acheteur a souffert. C'est ce que dit positivement la L. 8, D. *De evict.* 21, 2. Il faut rapprocher de ce texte, comme nous l'avons déjà observé, les LL. 43 et 45, § 1, D. *De act. empti,* XIX, 1. (Voyez à ce sujet le chapitre précédent.)

Arrivons à l'évalution proprement dite. Le principe en cette matière est que l'estimation doit se faire, non pas eu égard à l'appréciation toute personnelle du demandeur, mais en vertu d'une appréciation commune et générale. *Pretia rerum,* nous dit la L. 63, *Pr.* D., *ad lég Falcid.,* 35, 2, *non ex affectu, nec utilitate singulorum, sed communiter funguntur.* Et la L. 33, D. *ad leg. Aquil* (9, 2): *Non affectiones æstimandas, sed quanti omnibus valeret.*

Remarquons toutefois avec M. Molitor « que ce qui
» est dit à la L. 33, loin d'être une exception particu-
» lière à la L. Aquilia, est un trait commun à toutes
» les actions *stricti juris,* une conséquence de ce que
» la demande ou l'action doit être renfermée dans les
» limites sévères de la stipulation, du testament ou de
» la loi, et le jugement dans les limites de la
» demande. »

Si les textes nous parlent du prix d'affection dans les actions de bonne foi et dans les actions arbitraires, il faut remarquer que ces textes statuent sur des hypothèses spéciales dont nous n'avons pas à nous préoccuper.

Il faut tenir compte enfin, dans toute évaluation de la chose promise, d'une double question : 1° une question de lieu, 2° une question de temps. Il est facile, en effet, de concevoir que le montant de la réparation subira des variations notables, suivant que l'on placera à tel ou tel endroit, le lieu dont le prix commun doit servir de règle à l'estimation et suivant que celle-ci se fera à telle ou telle époque. La L. 3, § 2, D. *Commodati*, XIII, 6, s'occupant d'abord de la preuve, nous apprend, que « in hac actione sicut in cæteris bonæ fidei judiciis, » rei judicandæ tempus, quanti res sit, observatur : » quamvis in stricti, litis contestatæ tempus specte- » tur. » Nous avons déjà donné la raison de cette diffé- rence en nous occupant de la demeure et nous ren- voyons, quant au lieu du payement, aux observations présentées sous cette rubrique. La L. 36, § 4, D. *De pet. hered.* V, 3, assimile aux actions de bonne foi les ac- tions arbitraires.

Nous serions entraîné bien loin si, après avoir résolu la question de temps, relativement aux prix de la chose, nous voulions l'examiner aussi par rapport à son état, c'est-à-dire en tenant compte des augmenta- tions ou détériorations qu'elle peut avoir éprouvées. Contentons-nous de poser les principes dans une double formule : 1° Dans les *judicia bonæ fidei*, où l'objet de la demande est un *incertum*, c'est toujours au moment de la condamnation qu'il faut se placer, pour apprécier la valeur de la chose avec ses accessoires, à moins que le créancier ne fût en demeure; dans ce cas, on peut se placer au moment du contrat, si le créancier y trouve son avantage. Cette latitude est le propre de l'*id quod interest* qui est l'objet de la condamnation.

Dans les *judicia stricti juris*, où l'objet de la poursuite est un *certum*, le créancier ne peut obtenir sous peine de déchéance, plus qu'il n'a demandé. Or, l'estimation peut varier entre la condamnation et la demande, voilà pourquoi l'on se place toujours à un époque fixe et invariable, la *litis contestatio*. Quant aux fruits et accessoires, le demandeur les obtient non point *ex mora*, non point *ex eo quod interest*, mais en vertu de *l'officium judicis*. C'est ce que l'interprétation des prudents avait fait admettre à la suite d'un S. C. d'Adrien. L. 40, D. *De pet. herid.* 53, et L. 2, D. 22, 1 (1).

§ **2**. — *Preuve des dommages et intérêts.*

Il nous reste à ce sujet quelques mots à dire, mais quelques mots seulement. Ici encore il faut distinguer entre les différentes causes qui ont amené le dommage. Cette distinction se retrouve partout; dans les textes. dans les auteurs anciens et modernes. » Interdum quod « intersit agentis, » nous dit Paul, dans la L. 2, § 1, D. *De in litem jurando*, 12, 3) « solum æstimatur, veluti » cum culpa non restituentis vel non exhibentis puni- » tur : cum vero dolus, aut contumacia non restituen- » tis, vel non exhibentis, quanti in litem juraverit » actor. »

Il faut rapprocher de ce texte la L. 5 du même titre, où Marcien s'exprime avec une netteté qui nous dispense de rapporter ou de traduire son fragment. Il revient sur l'idée de Paul, il la développe et nous indique dans quel cas ce serment peut être admis même pour les

(1) Voyez à cet égard le commentaire de la L. 15, § 3, *De rei vindic*, 6, 1, dans le *Traité sur la propriété* de M. Pellat, p. 173 et suiv.

actions *stricti juris*. Enfin une constitution d'Antonin, qui forme la L. 2, C., sous le même rubrique, V, 51, complète la théorie du droit romain sur cette matière. en donnant quelques notions sur le devoir du juge, après le serment prêté. Nous pourrions généraliser ici les indications de cette loi 2, et terminer, ce chapitre par quelques considérations générales sur l'*officium judicis* en matière de dommages et intérêts. Nous préférons les renvoyer à notre chapitre de droit français correspondant à celui-ci; elles y trouveront mieux leur place. Achevons seulement de remplir le cadre que nous nous sommes tracé.

CHAPITRE IV.

CONSTITUTION DE JUSTINIEN SUR LES JUGEMENTS QUI CONDAMNENT A DES DOMMAGES ET INTÉRÊTS.

Nous voulons, dans ce quatrième et dernier chapitre, étudier cette constitution de Justinien, qui fut au xvi⁰ siècle l'objet de si vastes travaux, la source de si vives controverses. C'est à propos de cette constitution que Dumoulin a écrit son traité : *De eo quod interest*. Nous avons eu déjà l'occasion de nous prononcer sur cet ouvrage, et nous déclarons ici que nous ne lui avons point emprunté nos développements. C'est Doneau qui nous a servi de guide ; puissions-nous avoir fidèlement interprété sa doctrine.

« Cette constitution, » nous dit le savant commen-

tateur au début de sa paraphrase, « se réfère entière-
» ment à la pratique judiciaire, comme l'indique son
» *inscriptio*. Elle donne au juge des règles à suivre, lors-
» que la condamnation doit porter *in id quod interest*.
» Le moment est donc bien choisi d'examiner à fond
» cette question qui n'a pas été suffisamment étudiée et
» qui est pourtant si controversée, si difficile et si pra-
» tique. » Nous ne reproduirons pas le texte même de
la loi dont les premiers mots servent d'épigraphe à ce
travail.

Ajoutons qu'il est inutile de rechercher ce que l'on
doit entendre par action *in id quod interest ;* il suffit de
renvoyer aux explications données à cet égard dans nos
préliminaires ou notre premier chapitre. Ceci n'est point
un traité dogmatique, à propos de la constitution de Justinien, c'est seulement une explication de ce texte. Je
n'ai donc pas à m'occuper des divisions présentées
par les interprètes qui distinguent entre l'intérêt particulier, l'intérêt commun, l'intérêt conventionnel. Je
n'ai qu'à m'en rapporter aux paroles si judicieuses
et si simples de Doneau, dont la traduction nous paraît
inutile. Abordons tout de suite le commentaire de la
constitution.

Premier point. — Quelles sont ces *dubitationes antiquæ in infinitum productæ*, dont Justinien nous parle
dès le début, et qu'il a eu la prétention de *coarctare in
angustum ?*

Les doutes des anciens portaient sur l'étendue qu'il
fallait donner à l'expression *id quod interest.* Devait-on
y comprendre, à la fois, ce que nous avons appelé
damnum emergens et *lucrum cessans?* Ne pouvait-il pas

se faire que l'estimation de cet intérêt s'élevât bien au-
dessus de la valeur vénale de la chose promise ? Difficultés sur la définition même, difficultés sur le mode
de prestation, tels sont les points auxquels fait allusion
l'Empereur et dont M. de Savigny s'est préoccupé dans
l'Appendice XII, t. V de son traité. La suite de la constitution éclaicira d'ailleurs et précisera ce que le
préambule peut présenter de vague et d'obscur.

Pour atteindre son but, Justinien décrète que dans
tous les cas (*in omnibus casibus*) dont la nature et la
quantité sont déterminées, *qui certam habent quantitatem vel naturam* (il nous en donne comme exemple la
vente, le louage et les autres contrats), l'intérêt ne doit
point dépasser la valeur du double (*hoc quod interest,
dupli quantitatem minime excedere*). C'est ici que les
commentateurs ont entassé d'oiseux développements,
des subtilités puériles, des hypothèses imaginaires.
Chaque mot du texte donne lieu à d'interminables dis-
sertations. *Casus !* qu'est-ce à dire ? Doneau nous l'explique sans détour. Ce sont les actes et les faits incidents
qui font naître une obligation accessoire et qui permettent au demandeur d'intenter l'action en dommages et intérêts. *Casus res gestas, et facta incidentia in-
telligit, ex quibus obligatio oritur, agiturque in id quod
actoris interest.*

Quantitas ? ce n'est autre chose qu'une somme d'argent : *significat enim quantitas pecuniæ summam;* les
textes viennent en foule à l'appui de cette explication :
L. 2, § 5, D. *Qui satisdare cog.* (II, 8); L. 38, § 17,
D. *De verb. oblig.*

Natura ? Ce n'est point l'essence du contrat, ce qui

le distingue, ce qui constitue si l'on peut ainsi parler
son individualité, son caractère propre ; c'est tout simplement une redondance, un double emploi du mot
quantitas. « Intelligemus Justinianum *natura* verbo si-
» gnificare voluisse præter quantitatem rem omnem
» aliam obligatione comprehensam, cujus rei certa
» natura esset : ut proinde res esset æstimabilis. » *Casus certi* est donc l'équivalent d'obligations ayant pour
objet une quantité parfaitement appréciable et déterminée.

Quant au *duplum*, il semble que l'on ne saurait en
donner une explication plus claire que le mot lui-même.
Doneau ne sait quelles périphrases employer pour rendre son commentaire plus explicite que le texte. « *Duplum*, » nous dit-il, « ex ratione simpli dicitur, nec
» ubi simplum removeris, duplum intelligi potest... »
Et plus loin : « duplum ejus quod interest, viginti erunt,
» si in simplo decem esse posueris. » Toute la difficulté
consistera donc dans la détermination du *simplum*
c'est-à-dire de l'unité.

Or, les obligations peuvent avoir pour objet des
quantités, des corps certains, des faits. Rien d'embar-
rassant pour ce qui concerne les quantités et les corps
certains. C'est là précisément ce qui constitue le *simplum*, et le juge ne doit point dépasser le double de la
quantité qui fait l'objet du contrat, ou de la valeur
donnée au corps certain, par une saine estimation.

Quant aux faits, nous dirons qu'ils ont une nature
certaine lorsque la convention des parties permet d'en
apprécier exactement la valeur en argent. C'est ce qui
arrive notamment, dans la vente et le louage où les ob-

ligations du vendeur et du bailleur sont déterminées .
par le prix de la vente ou du bail. C'est pourquoi, la
constitution elle même nous présente ces deux contrats
comme exemples de ce qu'elle entend par *casus certi*.
En dehors de ces exemples, les faits sont incertains en ce
sens que leur nature n'est point assez déterminée, pour
que l'on puisse dire, *a priori*, quel intérêt le créancier
avait à leur accomplissement, ou à leur inexécution.

C'est ce qu'exprime nettement un fragment d'Ulpien
que nous avons déjà cité, et qui forme le *principium* de
la L. 75, D. *De verbor oblig.* Du reste, comme le fait observer l'auteur dont nous suivons les traces, toutes ces
définitions vont s'éclaircir par les définitions contraires ;
il faut donc passer aux *casus incerti.*

« In aliis autem casibus, » continue Justinien, « qui
» incerti esse videntur, judices qui causas dirimendas
» suscipiunt, per suam subtilitatem requirere, ut hoc
» quod revera inducitur, damnum hoc reddatur, et non
» ex quibusdam machinationibus et immodicis per-
» versionibus in circuitus inextricabiles redigatur : ne
» dum in infinitum computatio reducitur, pro sua
» impossibilitate cadat..... »

Si les *casus certi* sont ceux *qui certam habent quan-*
titatem, il suit naturellement que les *casus incerti* sont
ceux qui se présentent, lorsque l'obligation a pour objet une quantité indéterminée ou l'exécution d'un fait,
dans le sens ordinaire de ce mot. Tels sont ceux pour
lesquels l'action se donne *in id quod interest*, à l'occasion d'un fait accompli par le débiteur, malgré l'engagement d'abstention qu'il avait pris envers le créancier. Rien n'est moins incertain que la quantite dési-

gnée sous le nom de *id quod interest*. Parmi les obligations de faire que l'on appelle positives, seront consi-
dérées comme incertaines toutes celles dont le *quantum* ne sera point appréciable de prime à bord. On ne
saurait donc peut-être, donner une meilleure définition
des *casus incerti*, que de les appeler, avec Doneau, ceux
« in quibus ejus quod interest, præstatio petitiove
» contineatur. »

De cette définition découle cette conséquence nécessaire, que dans toute obligation ayant pour objet *id
quod interest*, la prestation doit comprendre tout cet
intérêt, et rien au delà de cet intérêt. Nous n'avons
pas à craindre ici, de dépasser le double, le triple ou le
quadruple, puisque le montant de la prestation est
égal à l'objet de l'obligation. On peut en citer de nombreux exemples, indépendamment des obligations de
faire ou de ne pas faire, lesquelles rentrent seules dans
notre sujet. Telles sont les obligations résultant du
mandat de la tutelle et de la gestion d'affaires ; l'action
in id quanti ea res, qui résulte de la L. *Aquilia* ou des
interdits, etc., etc. Toutes ces obligations sont incertaines, nous dit Doneau, et leur objet doit être fourni
en entier, parce que cet objet, c'est précisément *id quod
interest;* dès lors, on ne peut rien en supprimer : *In
quibus id omne quod interest ideo præstandum sit, quia
quid detrahatur nihil est.*

Mais faut-il conclure de ce que Justinien nous a
donné la vente et le louage comme exemples de *casus
certi*, que tous les contrats sont de même nature *et certam habent quantitatem ?* Non certes, et nous venons de
prouver le contraire ; d'ailleurs le mot *veluti* indique

assez le tempérament qu'il faut apporter à l'interprétation du texte. Ce n'est donc point au genre ou à la
cause de l'obligation, mais à son objet que l'on doit
apprécier *certitudinem casus*.

C'est le cas de revenir sur une idée dont nous avons
déjà dit quelques mots. La vente et le louage font partie de ces contrats qui renferment une quantité déterminée, parce que l'objet de l'obligation a reçu, de la
part des contractants, une estimation précise, au moyen
du *pretium* ou de la *merces*. Il ne faut donc pas généraliser outre mesure cette règle : que toutes les obligations de faire sont incertaines, mais il faut l'entendre
avec ce tempérament, que la détermination du fait
peut résulter de sa nature ou de la convention des parties. C'est en ce sens que l'obligation de garantie au
cas d'éviction s'élevait au double, comme nous l'avons
déjà vu.

Ici se présentent ces difficultés célèbres, qui ont
exercé pendant si longtemps la sagacité des commentateurs et qu'il est impossible de passer son silence,
lorsque l'on étudie la constitution de Justinien. C'est
la L. 13, D. *De act. empti* (XIX, 1) qui est le siége de la
controverse. Nous connaissons déjà ce texte pour l'a-
voir cité dans notre deuxième chapitre, à propos de
l'influence que la bonne ou la mauvaise foi exercent
sur la variation des dommages et intérêts. Il s'agit
dans cette L. *Julianus*, comme on l'appelait autrefois, de
la vente d'un animal atteint d'une maladie contagieuse,
ou d'une poutre de mauvaise qualité; le vendeur connaissait le vice; la loi déclare qu'il doit à l'acheteur
omnia detrimenta, quæ ex ea emptione emptor traxerit.

Et comme si le texte pouvait laisser quelque place au doute et quelque moyen d'introduire le tempérament de la constitution relativement au double, il continue et détermine en disant : *quod interfuit idonee venisse erit præstandum*. La Loi 19, § 1, du texte suivant, donne quant au louage la même solution. Or, de combien la valeur du bâtiment qui s'est écroulé, du troupeau qui a péri, ne dépasse-t-elle pas l'estimation portée au double, de l'animal ou de la poutre ? De deux choses l'une : ou bien, la vente et le louage ne doivent pas rentrer dans les *casus certi* (et Justinien nous les a donnés comme exemples de ces mêmes cas), ou bien il existe une antinomie entre la constitution impériale et les fragments des jurisconsultes. Corriger ces derniers par la première est chose facile ; mais le procédé serait-il juridique et surtout équitable ? Car, c'est pour la solution des prudents que milite l'équité. L'analyse juridique conduisit Doneau à la conciliation ou plutôt à l'explication suivante (car dans son opinion, que nous croyons devoir adopter, les textes ne se contredisent point). D'après Doneau, il faut distinguer entre les différentes obligations du vendeur. Elles peuvent se ramener à trois ; la délivrance, la garantie, l'absence de dol, *purgari dolo malo*. A l'égard des deux premières, on peut dire que l'obligation *certam habet naturam et quantitatem*.

En effet, nous connaissons la nature et la valeur de la chose, *quæ fuit in obligatione deducta ;* survienne un défaut de délivrance, une éviction, l'acheteur agira *in id quod interest*. Que pourra-t-il obtenir ? *duplum ejus simpli quod intellectum est.* Mais en est il de même

pour ce qui est de la troisième obligation, l'absence de
dol? Son objet présente-t-il ici le même caractère de certitude? Peut-on dire *a priori* en quoi il consiste, quelle
est sa valeur? L'avenir seul peut nous l'apprendre.
C'est donc par la diversité des obligations du vendeur
que s'explique la diversité des solutions contenues dans
le corps du droit civil.

Cette première difficulté aplanie, une seconde s'élève
aussitôt qui n'a pas moins embarassé les interprètes et
qui a servi de prétexte aux divagations les plus
étranges. Il s'agit de concilier les LL 19, § 1, D. *Locati*
(19, 2); 6, § 4 *in fine*, D. *Act. empti* (19, 1), avec
les dispositions relatives à la vente d'une poutre ou
d'un esclave. Pourquoi le vendeur d'un tonneau ou
d'un vase répond-il, même s'il est de bonne foi, du
vice des objets qu'il a vendus, tandis que le vendeur
d'une poutre ou d'un esclave n'est tenu que d'une action *quanti minoris?*

La raison de la différence s'explique par la nature
même des choses. Ecoutons Doneau à ce sujet : « Qui
» vas se vendere dicit, hoc dicit idoneum esse ; id est,
» nec vitiosum vendere : quoniam vas pertusum vas
» non sit : est enim vas instrumentum ad aliquid ca-
» piendum idoneum. » Et plus loin : « Homo vitiosus
» nihilominus homo ; et tignum vitiosum nihilomi-
» nus tignum est. » Les vases et les tonneaux n'ont
et ne peuvent avoir qu'une seule destination, celle de
contenir des liquides ; une poutre peut servir à bien
d'autres usages qu'à étayer un bâtiment.

Nous avons vu que, dans certains cas, lorsque l'obligation est incertaine, le montant de la condamnation

doit avoir pour objet, tout ce qu'il importait au créancier d'obtenir, *id omne quod interest*. Dans ce cas, rien
à doubler, pas de difficulté. Mais lorsque nous avons
un objet certain, et que les dommages et intérêts ne
doivent point s'élever au delà du double, on est quelquefois embarrassé pour déterminer le *simplum*. Supposons, par exemple, que dans une vente, l'on ait assigné à l'objet un prix déterminé comme cela doit
être, mais que la valeur de la chose soit de beaucoup
supérieure ou inférieure au montant de ce prix. Quel
sera le *simplum* ? Faudra-t-il prendre la valeur réelle
de l'objet ou le montant du prix ? Nous n'hésitons pas
à suivre l'opinion de Doneau, qui se décide pour le
prix. En effet, dans la volonté de parties, la chose n'a-
vait pas d'autre valeur que le montant de la somme
fixée par elles ; et dans la stipulation de garantie, c'est
au double du prix, et non à celle de la valeur, qu'il
faut s'en référer. C'est ce qui résulte des lois *si fundo,
De evict, et Titius, in fine*, D. *De act. empti*, 19, 1.
Si l'on se demande maintenant qu'elle est, dans cette
première partie de la loi, l'innovation de Justinien,
on peut répondre qu'il s'est borné a généraliser les
tempéraments que Paul et Africain apportaient à la
fixation des dommages et intérêts, en tenant compte
soit de la bonne foi, soit de l'état de fortune du débiteur.

Nous n'avons pas, on le comprend, la prétention de
suivre les commentateurs, à travers les discussions
interminables, auxquelles la constitution de Justinien
leur donne l'occasion de se livrer. Nous ne voulons plus
toucher qu'à un dernier point, le seul qui ait arrêté

quelques instants les interprètes modernes. « Cum scia-
» mus, » porte la fin du texte « esse natura congruum,
» eas tantum pœnas exigi, quæ vel cum competenti
» moderamine proferuntur, vel à legibus certa fine
» conclusa statuuntur. »

On a invoqué cette décision, pour contester le principe que la somme stipulée sous forme de peine n'est,
point sujette à réduction. En d'autres termes, on a
voulu appliquer aux clauses pénales, le tempérament
apporté par Justinien aux *casus certi*, et décider que le
taux des dommages et intérêts devait y être limité au
double de l'objet promis dans l'obligation principale.
Les textes les plus formels repousseraient cette interprétation (voyez par ex. les LL. 56, **XXI**, **2**, et 38, § 17,
D. 45, 1), s'il ne suffisait point de rappeler les principes
généraux, si souvent formulés par les jurisconsultes romains, sur la foi que l'on doit garder aux conventions,
sur les secours que le magistrat réserve à ceux qui sau-
vegardent leurs droits. *Jus vigilantibus scriptum est.* Quel
est donc ce *moderamem* dont Justinien nous parle ? Pour
répondre à cette question, nous ne saurions mieux faire
que de laisser en terminant la parole à celui que nous
avons si souvent invoqué dans ce chapitre.

« In summa, nous dit Doneau, pœnæ modus judicio
nostro non ex quantitate pœnæ in stipulatum de-
ductæ, sed ex eo quod in re, de qua agitur interest
nostra, spectandus est, ut si interest possit nostra,
nihil quantitatem pœnæ moderemur, sed quanta est
tantum recte petamus : si minus, ad ejus quod interesse potest, pœnæ moderemur petitionem. » Justinien
se borne, croyons-nous à exhorter les parties contrac-

tantes à la modération ; il les engage à déterminer le *quantum* des clauses pénales d'après leur intérêt sainement apprécié ; mais il ne résulte pas des termes de la constitution que l'étendue des peines conventionnelles doive être toujours égale au montant des dommages intérêts, *non continuo efficitur eumdem esse de-*

On ne peut se dissimuler que le texte dont nous avons essayé de donner l'explication, ne présente une rédaction vague et embarrassée. Peut-être Justinien n'a-t-il pas suffisamment distingué les dommages et intérêts qui naissent à la suite des relations contractuelles et les réparations civiles qui résultent des délits. Les interprètes, en rattachant à la constitution une théorie complète de l'indemnité, ne nous paraissent pas non plus, avoir nettement accusé cette distinction radicale. C'était néanmoins le seul moyen de jeter quelque jour sur cette importante matière. Avec Domat pour guide, nous avons cru pouvoir chercher dans les écrits des jurisconsultes romains les précédents de notre législation. A ce point de vue, la constitution de Justinien ne nous offrait guère qu'un intérêt historique, mais elle avait trop vivement préoccupé les commentateurs, pour ne point trouver place dans ce travail.

DEUXIÈME PARTIE

DROIT FRANÇAIS

Observations préliminaires.

Nous pouvons passer sans transition, du droit romain à notre législation actuelle. Il est même inutile, de reproduire au début de cette dissertation sur le droit civil français, l'exposition rationnelle de principes que nous avons cru devoir présenter, en commençant notre étude. Le sujet que nous traitons n'est pas de ceux qui subissent d'une manière sensible l'influence des temps. En conséquence, n'ayant pas à rentrer ici dans le domaine des généralités philosophiques, nous restons sur notre terrain spécial : celui du droit.

Nos divisions elles-mêmes ne varieront pas, car le sujet qui nous occupe n'a point changé. Nous poursuivons l'exécution d'une obligation conventionnelle ; le débiteur n'a point tenu son engagement. Quelles sont les causes de cette violation de la foi jurée, de ce manquement à la loi du contrat ? Quels sont les résultats préjudiciables qui en découlent pour le créancier ? Comment le juge doit-il les constater et les réparer ? La réponse à chacune de ces questions va nous donner le même nombre de chapitres que dans notre première partie. Cette symétrie, nous le croyons, tient encore moins à des dispositions, à des arrangements préconçus, qu'à la nature même des choses. En terminant, nous n'aurons point à étudier, de même qu'en droit romain, une innovation législative ; mais pour rester fidèle à notre programme, nous présenterons, comme conclusion, quelques-unes de ces réflexions générales qui naissent pour ainsi dire d'elles-mêmes, après de sérieuses méditations.

CHAPITRE PREMIER.

CE QUE L'ON ENTEND PAR DOMMAGES ET INTÉRÊTS. POUR QUELLES CAUSES ET POUR QUELLES FAUTES ILS SONT DUS.

On appelle dommages et intérêts, dit Pothier (n° 159, *Traité des oblig.*), la perte que quelqu'un a faite et le gain qu'il a manqué de faire. C'est la définition qu'en donne la L. 13, D. *Rat. rem hab.* L'art. 1149 C. N., en la reproduisant, s'exprime ainsi : « Les dommages et intérêts dus au créancier, sont en général de la perte qu'il a faite et du gain dont il a été privé, sauf les exceptions et modifications ci-après. » Tous les auteurs ont adopté, sans observations et sans critiques, la définition de Paul, devenue celle de Pothier, et plus tard celle du Code. Ils reconnaissent tous le double élément dont elle se compose : 1° *damnum emergens*, *dommage* que me cause l'inexécution de l'engagement ; 2° *lucrum ces-*

sans, profit, *intérêt,* dont cette inexécution me prive
(Toullier, t. VI, p. 234 ; Marcadé, t. VI, p. 415.) Le
juge chargé de fixer le *quantum* des dommages et
intérêts, devra donc rechercher quel est le préjudice
souffert par le creancier, soit que celui-ci ait éprouvé
une diminution dans sa fortune, soit qu'il ait manqué
de réaliser un bénéfice qui pouvait l'augmenter. Ce
n'est là, nous l'avons déjà dit, qu'un premier élément
d'appréciation : le tort, l'*injuria*, l'élément objectif
et matériel. Il faut en indiquer un autre, l'élément
subjectif et intentionnel, qui s'appelle dol ou faute,
en droit français comme en droit romain. Les deux
législations suivent la même marche, mais leurs
théories sont elles identiques? Chez nous qu'entend-
on par dol? qu'entend-on par faute? quelles distinctions faut-il faire à cet égard? combien de degrés
doit-on reconnaître dans la responsabilité du débiteur?

Ici encore, gardons-nous de confondre les causes
d'inexécution du contrat, avec les causes de dommages et intérêts. Examinons rapidement les premières
avant de passer aux secondes. L'art. 1146 nous donnera plus tard de celles-ci une idée d'ensemble, une
vue générale.

Le contrat n'a donc pas reçu son exécution ou n'a
reçu qu'une exécution imparfaite. Pourquoi le débiteur n'a-t-il pas tenu sa promesse? Un cas fortuit l'en
a-t-il empêché? Etait-ce dol, mauvaise foi, faute de
sa part? Passons en revue successivement ces différentes hypothèses.

§ 1. — *Cas fortuit.*

« Il n'y a lieu à aucuns dommages et intérêts, » nous dit l'art. 1148, « lorsque, par suite d'une force majeure ou d'un cas fortuit, le débiteur a été empêché de donner ou de faire ce à quoi il était obligé, ou à fait ce qui lui était interdit. » Le C. N. pose à l'égard des cas fortuits la règle que nous avons déjà trouvée lans la loi romaine (**L.** 23, **D.** *De reg. juris*). C'est un principe d'équité naturelle, dicté par la raison et que toute législation doit consacrer. On l'exprime dans le langage vulgaire en disant : à l'impossible, nul n'est tenu. La règle *casum nemo præstat*, quelque absolue qu'elle puisse paraître, doit néanmoins, nous le savons déjà, recevoir quelques tempéraments et certaines restrictions. Ainsi, le débiteur peut répondre spéciale-ment des cas fortuits et de la force majeure : 1° lorsque telles sont les conventions à cet égard ; 2° lorsque le cas fortuit a été précédé de quelque faute de sa part, sans laquelle la perte ne serait point arrivée (art. 1807, 1881. C. N.) 3° lorsque le débiteur était en demeure d'exécuter son obligation. Il faut tenir compte, dans cette dernière hypothèse, de la limitation fort quitable, que viennent apporter au principe l'art. 1042, relatif aux héritiers du testateur, et l'art. 1302, qui contient la règle générale en cette matière. Le débiteur, nous dit cette dernière disposition, est tenu de prouver le cas fortuit qu'il allègue. C'est une appli-cation de l'art. 1315, lequel ne fait que consacrer une règle de bon sens, éternellement vraie. L'art. 1147 contient encore une application de ce même art. 1315, spéciale au sujet que nous traitons. Le débiteur doit justifier, que l'inexécution provient d'une cause étrangère qui ne peut lui être imputée, s'il veut éviter la condamnation à des dommages et intérêts. Réciproquement, le cas fortuit une fois prouvé par le débiteur qui l'allègue, c'est au créancier à prouver la faute, qu'il prétend devoir priver son débiteur des bénéfices du cas fortuit ou de la force majeure (art. 1808).

Il est des faits qui présentent pour ainsi dire, une nature mixte; on peut également les considérer soit comme des cas fortuits ou de force majeure, soitcomme le résultat d'une faute imputable au débiteur. Tel est par exemple l'incendie. Aussi agitait-on, très-vivement dans l'ancien droit, la question de savoir si c'était au bailleur ou au preneur de prouver l'existence ou l'absence de toute faute imputable. « Une des questions les plus controversées, » dit Merlin (1), « qu'il y ait sur le fait des incendies, est de savoir si, dans l'incertitude comment le feu a pris à une maison, c'est au défendeur en dommages-intérêts à prouver si l'incendie est arrivé sans une de ces fautes dont il doit répondre, ou si c'est au demandeur à vérifier le contraire. »

L'opinion qui avait fini par prévaloir dans la doctrine et dans la jurisprudence était que la preuve incombait au défendeur; il devait établir que ni lui ni ses domestiques n'étaient en faute; et il devait être condamné, s'il ne justifiait pas que le feu avait pris par cas fortuit ou qu'il avait été communiqué par une maison voisine,

(1) Répert., v° *Incendie*, § 11. n 9°.

dans laquelle il avait commencé. C'est la disposition des art. 1733 et 1734 C. N. De là, dans notre droit actuel, grande controverse sur le point de savoir si ces articles contiennent une application des principes généraux ou constituent une dérogation au droit commun. Nous n'hésitons point à nous prononcer dans ce dernier sens, avec MM. Marcadé, Aubry et Rau contre la plupart des auteurs. L'art. 1733 ne demande pas seulement au débiteur une simple preuve négative, comme l'art. 1732; il exige de plus une preuve positive de l'une des trois causes qu'il a pris le soin de déterminer. Cette rigueur nous parait pleinement justifiée par la nature toute particulière du fait dommageable ; le Code est conforme à la tradition. D'ailleurs, nous sommes frappés de cette considération, que si l'on entend l'art. 1733 comme MM. Duvergier et Troplong, c'est « tout simplement le supprimer, en disant que le législateur ne l'a écrit que pour répéter de suite une seconde fois, ce qu'il venait de dire dans l'art. précédent (1). La disposition de l'art. 1734 confirme le système que nous avons cru devoir adopter; il montre bien que notre législateur a fait à l'incendie une position exceptionnelle, et qu'il l'a placé en dehors du droit commun.

Sur ce dernier art. 1734 se place encore une question très-grave, dont la discussion ne nous parait point rentrer dans notre cadre et que nous réservons pour la traiter oralement, s'il y a lieu.

Remarquons en passant, que le Code, dans l'art. 1146 distingue entre deux expressions qu'il confond sou-

____

(1) Marcadé sur l'art. 1733.

vent ailleurs et que l'on confond habituellement. Dans un sens très-général, elles se prennent le plus souvent l'une pour l'autre. On peut les réunir sous l'idée commune d'une puissance extérieure qui s'exerce sur l'homme l'arrête et l'entrave dans ses résolutions et dans ses actes. C'est ce que les Grecs appelaient θεία, les Romains *vis divina* (1).

Quand on veut distinguer les deux expressions, on peut dire que le cas fortuit provient des forces aveugles telles que la foudre, l'inondation ; tandis que la force majeure doit s'entendre du fait des hommes, comme serait une attaque de voleurs. Mais cette distinction, ainsi que l'observe très-bien M. Marcadé, qui nous a fourni ces exemples, ne présente pas ici la moindre utilité. Ce que nous demandons pour la libération du débiteur, c'est une cause étrangère quelconque et l'abscence de mauvaise foi. Ces idées se trouvent reproduites dans l'art. 1245. On peut supposer un cas très-rare d'ailleurs, où le débiteur n'a pas commis de faute et où cependant il n'est pas libéré par la perte et les détériorations de la chose promise. C'est le cas où elles proviennent de son fait. Dans l'hypothèse que nous prévoyons, le débiteur (c'était par exemple l'héritier du débiteur primitif) ignorait l'existence de la dette ; dans son ignorance, il a laissé périr, il a dégradé le corps certain promis par son auteur. Il n'est pas en faute, mais c'est par son fait que la chose a été détruite ou détériorée ; or le créancier ne peut en souffrir. On trouve

______

(1) Ulpien définit la force majeure : *Omnem vim cui resisti non potest.* L. 15, § 2. D. *loc. cond,*

l'application de cette idée dans le § 16, *Inst. de Leg.*, tit. 20, liv. 2 (1). Nous signalerons une exception à ces principes, dans un cas très-favorable au débiteur : c'est celui qui est prévu dans l'art. 1935, au titre du dépôt. Mais ont sait, et nous aurons occasion d'y revenir, que l'on trouve dans ce contrat, quelques dérogations aux règles générales. Voy. notamment l'art. 1927.

Les principes ayant été posés en matière de cas fortuits, nous pouvons en faire l'application rapide à quelques espèces. Ainsi, Delvincourt se demande, si un négociant qui vend à terme des marchandises qu'il n'a pas, doit des dommages et intérêts, dans le cas où une force majeure l'empêche de les faire venir assez tôt, pour qu'il puisse les livrer dans le délai convenu. Il faut décider l'affirmative, car le vendeur doit s'imputer d'avoir vendu ce qu'il n'avait pas. Comme le dit très-justement Pothier (n° 136, *Traité des obl.*) : « Il suffit que le fait auquel un homme s'oblige envers moi, soit possible en soi, quoiqu'il ne soit pas possible à cet homme : car si je n'avais pas connaissance qu'il ne lui était pas possible, j'ai eu droit de compter sur sa promesse, et il s'est obligé valablement en ce cas envers moi : *in id quanti mea interest non esse deceptum.* Il doit s'imputer de n'avoir pas examiné ses forces, et de s'être témérairement engagé à quelque chose qui les dépassait. »

Conformément à cette doctrine, la Cour de cassation a jugé, bien des fois, que l'on ne saurait voir un cas de

____

(1) M. Valette à son cours.

force majeure, dans un événement qui, sans rendre impossible l'exécution du contrat, la rendrait seulement plus difficile. Voyez notamment un arrêt du 11 mars 1856, aff. Poissonnet, D. P. 56, 1. p. 100. Remarquons d'ailleurs avec M. Dalloz, que dans les affaires de ce genre, les circonstances doivent jouer un grand rôle, et que l'appréciation du magistrat y tient une part plus grande, que les principes même de la science juridique. Qu'il nous suffise donc d'avoir posé la règle, sans nous étendre sur ses applications ; des matières plus importantes et plus délicates nous sollicitent.

§ 2. *Dol et faute du débiteur.*

Nous réunissons ces deux causes d'inexécution du contrat, qui se rattachent l'une et l'autre à un fait personnel et volontaire du débiteur. Nous ne parlons point ici, bien entendu, de ce dol qui prend le caractère d'un délit et qui est réprimé comme tel par la loi pénale ; nous ne parlons point de ces fautes qui constituent des délits et des quasi-délits ; il s'agit des fautes commises en contravention aux obligations imposées par un contrat, et connues sous le nom de *fautes contractuelles* (1). Chez nous, comme en droit romain, le dol suppose l'intention de nuire. *Ad dolum*, dit Thomasius, cité par M. Toullier (2), *requiritur propositum lœdendi*. Il est inutile d'insister sur la gravité que présente le dol ; celui qui s'en est rendu coupable a manqué doublement à ses devoirs ; il a joint au mépris de la loi du

(1) MM. Aubry et Rau *sur Zach*. T. 3, p. 66, note 17.
(2) T. 6. p. 235.

contrat une odieuse malveillance. Cette observation n'est point sans portée ; nous aurons plus tard à montrer qu'elle est féconde en résultats pratiques.

On peut assimiler au dol, ce que les interprètes désignent sous le nom de faute lourde. Sans rappeler, une fois de plus, l'axiome de Paul tant de fois reproduit, on comprend facilement que l'on puisse considérer comme un dol, cette mauvaise foi qui consiste à sacrifier volontairement ses devoirs à ses intérêts.

Nous savons déjà que, pour obliger le débiteur, il ne suffit point qu'il y ait eu faute de sa part ; il faut encore que cette faute lui soit imputable. Recherchons donc dans quels cas le débiteur est en faute.

Les commentateurs de Zachariæ (1) nous disent que « le débiteur est en faute, lorsqu'il a contrevenu à une obligation de ne pas faire, ou lorsqu'il n'a pas apporté à l'exécution d'une obligation de faire ou de donner, tous les soins dont il était tenu. » Tous les auteurs conviennent que la question d'imputabilité est forcément abandonnée à la prudence des magistrats. C'est en ce sens que l'on entend généralement les expressions : « *s'il y a lieu,* » qui se trouvent dans l'art. 1147. Nous pensons que ces mots font également allusion au cas où le créancier n'aurait point subi de perte et n'aurait manqué de faire aucun bénéfice. Il ne suffit pas, en effet, que la faute soit imputable au débiteur, il faut encore qu'elle soit préjudiciable au créancier.

C'est ici le cas de se demander quelle est, sur l'im-

(1) MM. Aub. et Rau., *loc. cit.*

putabilité, la théorie du Code Napoléon. Nous le sa-vons, il est des degrés dans la faute, et la répa-ration doit être proportionnée à la gravité de l'acte illicite, ou de l'omission dommageable. La division tripartite des fautes, telle que l'enseignait Pothier a-t-elle été maintenue par le Code? Nous avons déjà dit quelques mots du système des trois degrés com-battu depuis longtemps par Lebrun. On sait que Pothier se borna, pour toute réponse aux objections de ce dernier, à dire « qu'il était trop vieux pour chan-ger d'opinion. » En présence de cette fin de non-re-cevoir, les rédacteurs du Code Napoléon durent pren-dre en sérieuse considération les arguments de Lebrun. Soit qu'ils en aient reconnu la justesse et la force, soit pour toute autre cause, on ne doute plus aujourd'hui qu'ils n'aient rejeté la théorie, que l'auto-rité de Pothier faisait faussement attribuer au droit romain.

Le Code Napoléon, chacun le sait, n'est pas une œuvre scientifique, dans le sens que l'on donne géné-ralement à ce mot. Il ne nous présente pas de doctrine complète sur la prestation des fautes. La principale règle de cette matière est posée dans l'art. 1137, qui se trouve sous la rubrique de l'obligation de donner. Il est bon de reproduire cet article, siége de la diffi-culté, point de départ de la discussion :

1137. « L'obligation de veiller à la conservation de la chose, soit que la convention n'ait pour objet que l'utilité de l'une des parties, soit qu'elle ait pour objet leur utilité commune, soumet celui qui en est chargé à y apporter tous les soins d'un bon père de famille.

« Cette règle est plus ou moins étendue relativement
à certains contrats, dont les effets à cet égard sont ex-
pliqués sous les titres qui les concernent »

Une première question se présente sur le point de savoir si la règle de l'art. 1137 doit être restreinte à l'o-
bligation de donner, à cause de sa position sous la
rubrique, spéciale à cette obligation, ou bien, s'il faut
l'étendre également aux obligations de faire. L'affirmative ne nous paraît pas douteuse ; elle est adoptée
par la généralité des auteurs modernes. Ils invoquent
à l'appui de leur opinion, des précédents et des textes.
La distinction que l'on veut introduire n'existait pas
en droit romain, et nos interprètes anciens ne l'ont jamais faite ; le Code a dû suivre leur doctrine. Ce qui
le prouve c'est l'application de la règle générale à des
quasi-contrats qui donnent naissance à l'obligation de
faire aussi bien qu'à celle de donner (Art. 450, al. 2
601, 627, 1374, etc., etc.). On fait ensuite observer,
avec grande justesse, que si l'article se trouve sous la
rubrique de l'obligation de donner, la raison en est
toute naturelle : c'est que Pothier avait exposé la théorie des fautes à propos de cette dernière obligation.
Les rédacteurs du Code, ici comme en bien d'autres
endroits, ont fidèlement suivi leur guide ; or le *Traité
des obligations* et la dissertation jointe au *Traité du
contrat de mariage*, prouvent que cette théorie n'a rien
d'exclusif. Il faut en dire autant de l'art. 1137.

Nous croyons inutile de reproduire le système des
trois degrés (il est indiqué dans Pothier, n° 142 du
Traité des oblig. et dans l'exposé des motifs de notre
titre, Fenet, t. XIII p. 229). Bornons-nous à faire con-

naître aussi exactement que possible le système du Code, en montrant dans quel cas il a rejeté, dans quel cas il paraît avoir conservé les anciennes règles.

En principe, le débiteur doit avant tout apporter aux affaires les soins d'un bon père de famille. Cette expression désigne ce que la **L. 25, D.** *De prob.* et *præs.* (23, 3), appelle *homo diligens et bonus paterfamilias.* Dans le Code, les fautes s'apprécient donc généralement *in abstracto*, relativement à ce type idéal. Disons le tout d'abord, cette règle nous paraît fort juste ; car après tout, sur quoi donc peut légitimement compter le créancier, sinon sur cette diligence ordinaire et commune, également éloignée des excès d'incurie et des excès de précaution ? Nous trouvons l'application de cette première idée dans une foule de textes, et notamment dans les art. 601, 1374 (cette disposition est relative à un homme qui rend un service gratuit), 1728, 1806, 1880, 1962, 2080, etc.

A côté de la règle, notre article place le tempéramment. L'idée du bon père de famille peut se concevoir d'une manière plus ou moins rigoureuse.

C'est sans doute retomber quelque peu dans l'arbitraire ; mais le législateur ne saurait lui même tout régler et tout prévoir ; il doit bien laisser une part à l'initiative judiciaire (1992).

Il y a dans notre Code deux obligés qui restent en dehors du principe général : ce sont le dépositaire. (1927), et l'emprunteur à usage (1882). Le premier qui ne reçoit aucun salaire, ne doit à la conservation de la chose que les soins qu'il apporte aux siennes ; il ne répond que de sa faute lourde. Le second, doit à

7

la conservation de la chose, plus que les soins d'un bon père de famille ; il est tenu de la faute très-légère.

On conçoit d'ailleurs, et c'est Marcadé qui fait cette observation, que le principe général de notre article, ainsi que les exceptions indiquées, sont susceptibles de s'appliquer avec plus ou moins de rigueur. Le type du père de famille peut, en effet, se présenter comme plus ou moins parfait, et dans l'appréciation de la faute *in concreto*, pour les cas exceptionnels, le juge trouve encore une certaine latitude dans la conduite ordinaire du débiteur. Aussi, le meilleur résumé que l'on puisse présenter du système de la loi française, c'est encore le texte sainement compris de la loi elle même : Nous pouvons en dégager les deux formules suivantes : 1º La responsabilité se règle d'après un principe unique ; 2ºLa nature du contrat, et l'appréciation des circonstances laissent une grande latitude à l'action du magistrat, même dans les cas exceptionnels (1928).

Il résulte de l'examen auquel nous venons de nous livrer, que les degrés de responsabilité doivent s'établir d'après la nature du contrat, et non plus, comme dans l'ancienne théorie des fautes, d'après l'utilité de l'une ou l'autre des parties, ou de toutes les deux. Ceci est un premier argument en faveur de l'opinion qui croit trouver dans le Code l'abrogation de la division tripartite. Cette opinion est devenue aujourd'hui celle de la doctrine tout entière. Pour se convaincre qu'elle est bien fondée, il suffirait, je crois, de jeter les yeux sur le premier alinéa de l'art. 1137, *soit que la convention n'ait pour objet que l'utilité de l'une des parties, soit qu'elle ait pour objet leur utilité commune*. L'abrogation est évi-

dente ; en principe , toute distinction est rejetée,
MM. Treilhard et Berlier, dans la discussion au conseil
d'État, viennent éclairer cette disposition.

Les tribunaux, disent-ils, « sauront faire la distinction que réclame la justice, la loi ne peut que s'en rapporter à eux... On a évité ces distinctions (des trois
fautes), mais sans ôter aux tribunaux la faculté d'apprécier la faute ou d'en absoudre. » Et M. Bigot Préa-
meneu de répéter, dans l'exposé des motifs , « que la
théorie dans laquelle on divise les fautes en plusieurs
classes, sans pouvoir les déterminer, ne peut que ré-
pandre une fausse lueur et devenir la matière des con-
testations plus nombreuses. L'équité elle-même répu-
gne à ces idées subtiles, on ne la reconnaît qu'à cette
simplicité qui frappe à la fois l'esprit et le cœur. »

Mais, dit-on le 2ᵉ alinéa, de l'art. 1137 reproduit l'ancien système. Nous répondrons : outre qu'il y aurait un
procédé quelque peu étrange, à rétablir, à la fin d'un article, ce que le législateur vient d'abolir au début, nous
croyons que nos explications précédentes ont suffisamment fait connaître l'esprit et le sens de la loi. MM. Aubry et Rau pensent que le Code a voulu abroger, du
moins en thèse générale, la doctrine des anciens interprètes, mais d'après les commentateurs de Zachariæ,
on ne peut se dissimuler qu'il existe dans le Code diverses
traces de cette doctrine. Ils en trouvent la preuve dans
les dispositions que nous avons déjà citées 1374, 1927
et 1928, 1992 et 804. Ce dernier article dont nous
n'avons pas encore parlé, nous dit « que l'héritier bénéficiaire n'est tenu que des *fautes graves* dans l'administration dont il est chargé. » Certains auteurs, et notam-

ment M. d'Hauthuille (1), ont eu le tort d'apporter, dans les matières du Code, l'appréciation *in concreto* de la théorie de M. Hasse. *Fautes graves* de l'art. 804, ce serait la *culpa lata* dont l'héritier bénéficiaire ne serait tenu que *in concreto*. Nous ne pensons point que telle soit la véritable interprétation de la loi; il faut appliquer à l'art. 804 la deuxième partie de l'art. 1137. Ce qui prouve bien, d'ailleurs, l'arbitraire de l'ingénieux système présenté par M. d'Hauthuille, c'est la contradiction relevée entre plusieurs autres, par les commentateurs de Zachariæ (2). Le tuteur disent-ils, «ne devrait d'après M. d'Hauthuille que la diligence *in concreto* ; le fermier ou l'emprunteur devraient au contraire, la diligence *in abstracto*. Comment concilier cette différence avec les art. 450, 1728 et 1880, qui soumettent également toutes ces personnes à la diligence d'un bon père de famille ?

Parlerons-nous maintenant de l'opinion de M. Toullier, qui confond, en ce qui concerne la responsabilité, les règles posées par le Code en matière de délits et *quasi*-délits, avec celles qui sont établies pour les contrats. Après avoir renvoyé à Thomasius pour la critique de la théorie des trois degrés, après avoir approuvé le Code qui la rejette, M. Toullier (3) affirme que notre législation « s'est rapprochée du droit naturel suivant lequel tout homme doit réparer le tort qu'il a causé à autrui par sa faute, même la plus légère. » Il trouve la consécration de ce principe dans les art. 1382 et 1383, C. N.

(1) *Revue de législation et de jurisprudence*, II, p. 269 et 342.
(2) P. 67, note 18, *in fine*.
(3) T. 6, nos 230 et suiv.

La doctrine de M. Toullier s'appuye sur cet unique argument, que le débiteur est tenu d'apporter à la conservation de la chose *tous les soins* d'un bon père de famille. Le Code, dit-il, n'en excepte pas les moindres soins, il les exige *tous*; donc le débiteur répond de la faute la plus légère, pourvu qu'elle puisse lui être imputée. La confusion et l'argumentation de l'éminent jurisconsulte ont été depuis longtemps relevées et réfutées; nous n'avons pas à revenir sur ce point. Du reste, à part l'erreur que nous venons de signaler, avec la plupart des auteurs, on trouve dans Toullier (1), sur le dol et la faute, l'exposé des principes généraux qui nous viennent du droit romain. C'est ainsi que le débiteur ne peut jamais stipuler qu'il ne sera pas responsable de son dol, et que le dol ne saurait se présumer. L'auteur que nous citons reconnaît aussi que la question d'excuse et d'imputabilité est abandonnée à la sagesse des juges. La jurisprudence de la Cour de cassation (2) et des Cours impériales (3) est constante sur ce point. Nous connaissons maintenant les causes qui peuvent amener l'inexécution de l'obligation, nous devrons en tenir compte dans notre deuxième chapitre, sur l'étendue et l'évaluation des dommages et intérêts. Passons aux causes mêmes de l'indemnité.

(1) *Loc. cit.*, n° 226,
(2) Req. 1er août 1846.
(3) Poitiers, 1er juillet 1844.

Section II. — Causes proprement dites de dommages et intérêts.

§ 1ᵉʳ. *Inexécution du contrat.*

Aux termes de l'art. 1146 C. N., « Les dommages et intérêts ne sont dus que lorsque le débiteur est en demeure de remplir son obligation , excepté néanmoins lorsque la chose que le débiteur s'était obligé de donner ou de faire, ne pouvait être donnée ou faite que dans un certain temps qu'il a laissé passer, » et l'art. 1147, que nous connaissons déjà, nous dit que « le débiteur peut être condamné, s'il y a lieu, au payement de dommages et intérêts, soit à raison de l'inexécution de l'obligation, soit à raison du retard dans l'inexécution... » Comme nous l'avons déjà démontré, les deux causes de réparation indiquées dans l'art. 1147, peuvent se ramener à une seule, l'inexécution, soit totale, soit partielle. La demeure se confond presque avec cette dernière, *minus enim solvit qui tardius solvit.*

L'art. 1146 (tous les auteurs (1) en ont fait la remarque) est évidemment rédigé d'une façon trop absolue. Le législateur vient de dire le contraire de ce qu'il avance, dans la disposition précédente. On voit bien, dans la dernière partie de cet art. 1146, qu'il ne s'occupe pas de l'obligation de ne pas faire, dont il est question plus haut, mais le procédé du législateur est irrégulier. Lorsqu'on donne une règle générale, il faut la donner vraie dans tous les cas, sans restriction. Notre article ne

(1) M. Valette, à son cours; Marcadé, sur l'art. 1147; MM. Aubry et Rau, t. 3, p. 63, note 3.

s'applique donc pas aux obligations qui consistent dans une abstention. Ce n'est pas tout : même quand elle s'applique à l'obligation de donner, notre disposition va trop loin. En effet, si elle est irréprochable quant à l'obligation de livrer, en est-il de même pour ce qui concerne l'obligation de veiller sur la chose et de la conserver jusqu'à la livraison ? Voyez à cet égard les art. 1136 et 1137; parlent-ils de la nécessité d'une mise en demeure? nullement. L'article ne s'applique donc qu'au cas ou il s'agit d'exécuter, de livrer un travail, et non point aux obligations continues. Pothier s'en explique avec sa lucidité habituelle, au n° 147 du *Traité des obligations* : « Quelquefois, dit-il, le débiteur
» est tenu des dommages et intérêts du créancier, faute
» d'avoir fait ce qu'il s'était obligé de faire, quoiqu'il
» n'ait pas été interpellé par une demande en justice;
» Cela a lieu lorsque la chose que le débiteur s'est
» obligé de faire, ne pouvait se faire utilement que
» dans un certain temps qu'il a laissé passer. Par
» exemple, si j'ai chargé un procureur de former pour
» moi une opposition au décret d'un héritage qui m'é-
» tait hypothéqué, et que ce procureur ait laissé inter-
» poser le décret sans faire l'opposition, il est tenu de
» mes dommages et intérêts, quoique je n'aie pas
» formé de demande contre lui pour qu'il fût tenu de
» la faire; le temps dans lequel il devait savoir que
» cette opposition devait être faite, l'interpellait suf-
» fisamment. » Mareadé après avoir rappelé cet exemple indique, très clairement comment l'article a fait fausse route. L'avoué, dit-il, est en demeure; au lieu de nous présenter cette circonstance comme une ex-

ception au principe que c'est la mise en demeure qui fait devoir les dommages-intérêts, [il fallait la reporter à la fin de l'art. 1139, pour compléter les cas où le débiteur se trouve mis en demeure. Nous aurons bientôt à montrer quelle était la préoccupation du législateur lorsqu'il édictait l'art. 1146. Contentons-nous ici de rappeler que l'art. 1147 a pour objet d'indiquer que dans certains cas, le débiteur peut n'être pas tenu du retard ou de l'inexécution. Cette disposition est générale; elle embrasse toutes les hypothèses, contrairement à la précédente qui ne s'occupe que du retard.

Nous n'avons pas à insister sur l'inexécution même du contrat. Comme nous le disions dans notre chapitre de droit romain correspondant à celui-ci, passer en revue les différentes espèces d'obligations, examiner dans quelle multitude de circonstances elles peuvent rester sans effet, par suite de telle ou telle cause, c'est là un travail stérile qui nous amènerait plutôt à des constatations de fait qu'à des solutions juridiques. Il vaut donc mieux arriver tout de suite à une théorie intéressante : celle de la mise en demeure.

§ 2. — *De la mise en demeure du débiteur.*

L'inexécution d'une obligation dans un délai utile, c'est quelquefois l'équivalent d'une inexécution totale. Pothier nous en fournissait naguère un exemple. Il faut écarter, tout d'abord, les obligations de ne pas faire où il ne peut être question de mise en demeure. En effet, d'après la nature même des choses, constatée par l'art 1145, celui qui contrevient à une obligation

de ce genre, doit les dommages et intérêts par le seul
fait de la contravention. Nous nous occupons ici des
obligations de donner et de faire et c'est le moment
de revenir sur l'art 1146. Le rédacteur de cet article
est préoccupé de cette idée, qu'il faut mettre le débiteur en demeure énergiquement, afin qu'il ne s'en-
dorme pas dans une fausse confiance. Notre article ne
traite que des questions de retard dans des cas d'exécution ou de livraison ; mais comment est-on mis en
demeure ? Pour répondre à cette question, il faut re-
garder en arrière et se reporter à l'art 1139.

Remarquons d'abord que la mise en demeure est
inutile, lorsqu'il s'agit d'une mauvaise exécution ou
d'une inexécution totale (1). L'art 1146 n'est point applicable à cette espèce. C'est ce qui a été sainement
jugé par la Cour de cassation, ch. des req. (18 juillet 1843), dans une aff. Maissiat C. Machard.

La cour de Colmar a décidé, par un arrêt du 8 mai
1845 (2) , que l'omission d'une mise en demeure,
n'élève pas une fin de non-recevoir contre la demande
en exécution d'une promesse de livrer, mais que cette
omission rend seulement non recevable à demander
des dommages et intérêts, pour l'inexécution de la
convention.

Nous savons déjà qu'il faut distinguer le simple
retard, de la demeure proprement dite ; le premier ne
soumet pas le débiteur à la prestation des dommages
et intérêts, la seconde seule produit cet effet juridique.

(1) Dalloz Alph., v° Oblig., p. 199.
(2) D., p. 46, 2, 219.

Suivant l'heureuse expression de M. Toullier (1), la demeure est « un terme devenu technique pour exprimer cette espèce de retardement qui soumet le débiteur aux dommages et intérêts. »

Ici comme en droit romain, c'est seulement au point de vue indiqué par la définition de Toullier, que nous voulons étudier la demeure et ses effets. Nous avons annoncé déjà l'art. 1139, comme la disposition fondamentale en cette matière. Tous les auteurs conviennent que, bien qu'elle se trouve placée sous la rubrique de l'obligation de donner, elle n'en est pas moins applicable aux obligations de faire. C'est ce qui résulte clairement de la lettre sainement comprise de l'art. 1139 et de sa combinaison avec l'art. 1146. Il est inutile, je crois, de revenir sur les principes du droit romain qui ont été suffisamment développés. Peut-être en les rappelant, certains commentateurs du Code Napoléon prouvent-ils qu'ils n'en avaient pas une connaissance bien exacte (Voyez notamment Toullier, t. 6, p. 251, et Marcadé, sur l'art. 1139). MM. Aubry et Rau (2) témoignent cependant, que l'on peut élever des doute sur l'authenticité scientifique de la maxime *dies interpellat pro homine* ; quoi qu'il en soit, arrêtons-nous désormais aux règles tracées par le Code, et voyons, en quoi il se rapproche, en quoi il s'éloigne des législations précédentes. Comme en droit romain, comme dans notre ancien droit français, il faut, en principe du moins, pour constituer le débiteur en demeure, une interpellation judiciaire ou un acte équivalant (1139).

(1) T. 6, p. 250.
(2) T. 3, p. 63, not. 4.

Que la maxime *dies interpellat pro homine* ait ou n'ait pas produit, en droit romain, l'effet juridique que l'on s'accorde généralement à lui attribuer, il est certain que le Code Napoléon a formellement proscrit son application, à l'exemple de notre ancienne jurisprudence. Mais sous un autre point de vue, notre législation actuelle a très-heureusement réformé cette dernière. Chez nous, les parties peuvent aujourd'hui faire dépendre la mise en demeure de la seule échéance du terme ; autrefois pareille clause était purement comminatoire. Déjà, dans l'ancien droit, on s'élevait contre cette jurisprudence ; Argou dans ses *Institutions au droit français* (1. 3, ch. 27), se plaçant dans le cas particulier d'un louage de services, nous dit « qu'il n'a jamais pu comprendre pourquoi, dans notre usage, on répute toujours ces peines comminatoires ; n'est-ce pas autoriser trop ouvertement les tromperies et la mauvaise foi ? »

« C'était une étrange jurisprudence, » remarque Toullier, « que celle qui, sous le prétexte d'une équité imaginaire, permettait aux juges de violer l'exacte et rigoureuse justice, en se permettant de dispenser de l'exécution littérale des conventions qui sont la loi des contractants. » En résumé, le Code n'admet pas plus que l'ancien droit, l'application de la maxime ; mais, contrairement aux règles antérieures, il considère comme obligatoire, le pacte portant que cette maxime produira l'effet que le droit romain, selon nous, lui attribuait virtuellement. Et maintenant, examinant de plus près le système du Code sur la mise en demeure du débiteur : il faut reconnaître que l'on y trouve quatre

modes bien distincts pour atteindre ce résultat; ce sont·
1° la convention ; 2° la loi ; 3° le seul fait de l'inexécution dans le cas de l'art. 1146 ; 4° la sommation ou
tout autre équivalent.

Quelques mots sur chacun de ces modes :

1° Le débiteur est constitué en demeure par la convention, lorsqu'elle porte que sans qu'il soit besoin d'acte,
et par la seule échéance du terme, le débiteur sera en
demeure.

C'est une erreur très-constante et très-répandue dans
le monde, que de considérer le débiteur, en demeure
par la seule échéance du terme. Celle-ci n'a qu'un
effet : c'est de constituer pour le créancier le droit
d'agir ; rien de plus. Il ne suffit donc pas du terme, il
faut encore une convention expresse des parties ; le
principe reste le même, soit que les contractants
aient ou n'aient pas déterminé par avance, le montant
des dommages et intérêts. Même dans le cas de clause
pénale, la mise en demeure est indispensable. M. Toullier examine assez longuement la question de savoir si,
après avoir exprimé dans la convention que le débiteur
sera constitué en demeure par la seule échéance du
terme , il faut encore ajouter les mots : *sans qu'il soit
besoin d'acte*. La conclusion de Toullier après une série
de considérations plus générales que topiques ; est
qu'un arrêt pourrait-être difficilement cassé « comme
contraire à la loi, pour avoir jugé la demeure encourue
par l'échéance du terme, dans le cas où l'on n'aurait
pas ajouté les mots : « sans qu'il soit besoin d'acte. »
Tous les auteurs sont unanimes à décider que ces expressions ne sont pas sacramentelles, et la jurispru-

dence elle-même reconnaît que la mise en demeure, dans le sens de l'art. 1139 C. N., doit être formellement exprimée, mais n'est assujettie à aucun terme sacramentel ; qu'ainsi cette dispense résulte suffisamment de la clause portant que, tout retard dans la livraison à l'époque convenue, d'une marchandise vendue, entraînera par chaque jour de retard « une amende a déduire de plein droit du montant du marché (1) »

Nous pensons avec Zachariæ, Toullier et Duranton contre Delvincourt, que lorsque la dette est quérable, le débiteur n'est constitué en demeure qu'autant que le créancier fait constater par un acte qu'il s'est présenté à son domicile, soit en personne, soit par un mandataire, au jour fixé par la convention (2). C'est là une différence entre les dettes quérables et les dettes portables.

2. Le débiteur est constitué en demeure par la loi, dans une foule de cas où se trouve consacrée d'une manière exceptionnelle et par une disposition toute spéciale, la maxime *dies interpellat pro homine*. C'est ce qui a lieu notamment : 1° en cas de réméré, contrairement à la pratique générale de notre ancienne jurisprudence (Art. 1661 et 1662) ; 2° dans le prêt à usage, si le débiteur emploie la chose à un autre usage ou pour un temps plus long qu'il ne le devait (1881) ; joignez les art. 1657, 1378 et 1379. C. N., etc., etc. Enfin nous trouvons un cas fort remarquable dans l'art. 1912 C. N., sur le convertissement des rentes constituées en obligations d'un capital exigible, par le

(1) Dall. A., v° *Oblig.*, p. 200 ; Cass. réj. 18 février 1856. Aff. Malo, Dall. P. 1856, I, 260.

(2) Toullier, t. 6, p. 256 ; Zach., t. 3, p. 64 ; Duranton, X, 442 et 466.

seul fait de non payement des arrérages, pendant deux années consécutives (Voyez à cet égard, les nombreux arrêts cités par M. Toullier, p. 258, note 1, et n° 559, t. 6). 3° La transition est toute naturelle, de la demeure par la disposition de la loi dans le véritable sens, à cette autre mise en demeure, qui résulte plus encore des circonstances que des prescriptions législatives. Nous voulons parler du cas où la chose que le débiteur s'était obligé de donner ou de faire, ne pouvait être donnée ou faite, que dans un certain temps qu'il a laissé passer. Dès le début, nous avons écarté cette hypothèse, forcément abandonnée à la prudence des magistrats, et dont l'empereur Antonin disait que c'est plutôt une question de fait, qu'une question de droit : *Cum sit magis facti quam juris.*

Nous avons déjà rapporté l'exemple devenu classique, que Pothier nous donne de cette mise en demeure, au n° 147 de son *Traité des oblig*. Plutôt que d'y ajouter ceux que pourraient nous fournir les auteurs modernes, nous préférons indiquer deux applications faites par la jurisprudence, du principe posé dans l'art. 1146.

La Cour de Rennes, par un arrêt du 24 février 1819, a jugé que cette disposition était applicable à l'obligation imposée au bailleur de faire les grosses réparations à la chose louée. (Aff. Cozic C. de Saizy).

La Cour de cassation (1) a décidé également que la condition consistant dans l'exécution d'un certain engagement, et par exemple dans l'offre, avant un temps

(1) Req.; 22 mai 1855, aff. Girardet. (D. P. 1, 171.); 2° D. A., v° *Oblig.*, p. 200.

déterminé, d'une caution bonne et valable, doit être considérée comme défaillie, et dès lors, la convention qui lui était subordonnée tombe, par cela seul que ce temps est arrivé, sans que l'engagement ait été exécuté : une mise en demeure n'est pas nécessaire (1).

On peut ajouter encore un autre arrêt de la même ch. des req. (23 février 1858, aff. Bonnefoy. D. P. 58, 1, 390) statuant qu'en matière de vente de récoltes, le vendeur est réputé mis en demeure de livrer la chose vendue, par cela seul que la récolte a été détachée du sol, et sans qu'il soit besoin de sommation.

On s'est demandé si le dépôt faisait exception au principe général sur la demeure (à savoir qu'elle nécessite une sommation ou tout acte équivalent), et rentrait dans les cas où la mise en demeure a lieu *ex lege*, par la seule expiration du délai convenu pour la restitution? Nous ne le pensons pas, car nous ne trouvons ni texte ni considération juridique qui puisse autoriser pareille dérogation. Le doute à cet égard provenait de la combinaison des LL. du 11 frimaire an VI et 23 septembre 1793, d'après lesquelles on prétendait que les dépositaires de papier monnaie qui, lors d'une opposition faite entre leurs mains, ne faisaient pas le dépôt à la caisse nationale, étaient par cela même constitués en demeure. Mais la Cour de cassation décida le contraire, par un arrêt de rejet du 4 thermidor an XIII. Voyez Dalloz A. v°, dépôt séquestre, p. 473, n° 3, où l'espèce et l'arrêt sont rapportés.

4° Enfin, et c'est ici le cas le plus ordinaire, le débi-

(1) Req., 22 mai 1855, aff. Girardet. (D. P. 1, 171).

teur est mis en demeure par une sommation, ou un autre acte équivalant, art. 1139.

« La sommation est l'acte par lequel on interpelle une personne de donner, de faire ou de ne pas faire quelque chose (1). » Cet acte doit être notifié par un officier public ayant qualité pour ces sortes d'actes, tels sont l'huissier le notaire compétent (1258, 7). Mais qu'entend-on par acte équivalent? Bien que le Code ne s'en explique pas, la doctrine est aujourd'hui fixée sur le sens de ces expressions et sur la limitation qu'elles comportent. On tenait pour certain, dans notre ancienne jurisprudence, que dans tous les cas où une sommation était nécessaire pour constituer le débiteur en demeure, une interpellation verbale ne suffisait pas et que la preuve testimoniale ne pouvait en être reçue (2). Il est à croire que le Code ne s'est point écarté de cette doctrine, surtout en présence des termes de l'art. 962, C. N. Cette disposition exige, dans l'hypothèse qu'elle prévoit, un *exploit* ou *autre acte en bonne forme*. L'acte équivalent de l'art. 1139 est donc un acte par écrit. Les auteurs en donnent comme exemples : la citation en conciliation contenant sommation de payer, la demande en justice, le commandement, l'acte authentique dans lequel le débiteur reconnaîtrait l'interpellation qui lui a été faite et même l'acte sous seing privé, dans les cas où il produit la même foi que l'acte authentique. En un mot, tous les actes dont l'effet est d'interrompre la

(1) Toullier, t. 6, p. 260.

(2) Voyez Duparc Poulain, *Principes du Droit Français*, t. IX p. 279 et les auteurs cités par Toullier, *loc. cit.*

prescription valent *à fortiori* comme actes d'interpellation (1).

§ 3. — *Effets de la mise en demeure.*

Passant aux effets de la mise en demeure, nous aurons peu de chose à dire, puisque nous voulons res
treindre nos explications au point de vue tout spécial
qui nous occupe. Avant la demeure, le débiteur n'était
tenu que d'une obligation : l'obligation principale et
primitive ayant pour objet une dation, un fait, une
abstention. Après la mise en demeure, une série d'o-
bligations accessoires viennent se joindre à la première : telle est celle de l'indemnité. Dès lors, deux
obligations au lieu d'une, et toutes deux parfaitement
distinctes et indépendantes l'une de l'autre. Le créancier ne peut plus se soustraire à la seconde, en
offrant d'exécuter la première, elles sont toutes deux
in obligatione solutionis. Les offres réelles, postérieures
à la mise en demeure, laissent subsister les résultats
qu'elle a produits. La demeure peut être purgée par
la renonciation expresse ou tacite du créancier, ce
n'est là qu'une application des principes généraux
du droit.

Reste une dernière question à examiner. Le créancier a fait la sommation de payer conformément à
l'art. 1139 ; peut-il rester indéfiniment dans l'inaction ? l'expiration de certains délais ne pourra-t-elle
pas détruire l'effet de la demeure ? Quelle sera l'é-
tendue de ces délais ? Doit on appliquer par ana-

(1) MM. Aubry et Rau sur Zach, p. 64 note 8, t. 3.

logie l'art. 57 C. pr. civ. Évidemment non, puisqu'il statue sur une hypothèse spéciale et que les déchéances sont de droit étroit. Les dispositions relatives à la péremption sont également inapplicables, puisqu'il n'y a pas eu d'instance commencée (397. C. pr. civ.) L'effet de la sommation durera-t-il donc autant que la demande principale, comme l'a pensé Delvincourt? Nous ne le croyons pas, surtout en voyant le Code Pr. civ. qlus rigoureux que l'ancienne jurisprudence sur la durée de l'effet des actes (art. 57, 674, 563)(1). Nous admettrons donc, avec la généralité des auteurs, qu'il appartient aux tribunaux de décider si, en fait, un temps suffisant s'est écoulé depuis la sommation, pour purger la demeure du débiteur. Cette solution nous paraît conforme à l'esprit des rédacteurs du C. N. qui, en cette matière, encore plus que dans toute autre, ont beaucoup laissé à l'appréciation des magistrats.

Suivant l'ordre que nous nous sommes imposé, nous allons aborder comme en droit romain, les causes de dommages et intérêts qui surviennent après l'exécution du contrat, c'est-à-dire l'éviction et les vices cachés de la chose donnée.

Section III. — De l'éviction et des vices cachés de la chose due.

L'obligation de garantie, nous l'avons déjà dit en droit romain, n'est point spéciale au contrat de vente,

____
(1) Toullier, t. 6, 267, n° 1.

mais elle est de la nature de ce contrat. Aussi le pren-
drons-nous encore pour exemple, en nous attachant
surtout à l'objet qui nous occupe, c'est à dire la réparation. L'obligation qu'impose la garantie peut se dé-
composer en plusieurs obligations distinctes : 1° s'abs-
tenir de tout acte, de toute réclamation qui tendrait à
inquiéter l'acheteur ou à le priver des avantages auxquels il a le droit de s'attendre ; 2° prendre fait et cause
pour cet acheteur, lorsqu'on vient troubler sa jouis-
sance ou l'empêcher d'exercer tel ou tel droit, sur lequel il devait compter ; 3° restituer le prix de la vente
avec une indemnité, lorsqu'il a été impossible au vendeur de prévenir l'éviction ou de faire cesser le trou-
ble. Comme le remarquent très-bien les commentateurs
de Zachariæ (1), l'obligation d'indemniser l'acheteur
après l'éviction est distincte de celle de prendre sa défense. Occupons-nous surtout de la première.

« L'éviction, » dit Domat (2), « est la perte que souffre
l'acheteur de la chose vendue ou d'une partie, par le
droit d'un tiers. Les autres troubles sont ceux qui,
sans toucher à la propriété de la chose vendue, dimi-
nuent le droit de l'acheteur, comme si quelqu'un prétend sur un fonds vendu un droit d'usufruit, une servitude ou d'autres charges semblables. » Le vendeur,
ajoute Domat, ne doit aucune garantie pour les pures
voies de fait, les cas fortuits et le fait du prince ; c'est
l'application de la règle générale: *casum nemo præstat.*
Il est à remarquer que dans notre droit, le mot évic-

----

(1) MM. Aubry et Rau, t. 3, p. 261, note 8.
(2) *Lois civiles*, liv. 1, tit. 11, sect. 10.

tion a un sens beaucoup plus large qu'en droit romain, où il suppose toujours *ablatio rei venditœ sententia judicis*. Nous n'avons point à rechercher dans quel cas il y a lieu à garantie, mais seulement quelle est l'étendue de cette obligation. Deux hypothèses peuvent se présenter : l'éviction peut être, en effet, partielle ou totale. Dans ce dernier cas, l'art. 1630 C. N. énumère les différentes obligations dont le vendeur est tenu ; l'acheteur peut revendiquer contre lui : 1° la restitution du prix ; 2° celle des fruits, lorsqu'il est obligé de les rendre au propriétaire qui l'évince ; 3° les frais faits sur la demande en garantie de l'acheteur, et ceux faits sur la demande originaire ; 4° enfin, les dommages et intérêts, ainsi que les frais et loyaux coûts du contrat.

En résumé : deux obligations bien distinctes de la part du vendeur : 1° restitution du prix, 2° payement de tout ce qui peut au delà constituer un intérêt pour l'acheteur. Les rédacteurs du C. N. ont pleinement adopté la théorie de Dumoulin (1), devenue plus tard celle de Pothier (2). Ces deux jurisconsultes se sont efforcés, de démontrer que la restitution du prix était due, non point à titre de dommages et intérêts, mais en vertu d'une véritable *condictio sine causa*. Les textes rapportés dans notre deuxième chapitre (première partie), prouvent que telle n'était pas la doctrine des jurisconsultes romains ; nulle part cette idée de la *condictio sine causa* ne se trouve dans leurs fragments. D'après Pothier, le prix doit être restitué dans tous les cas,

---

(1) *Tractatus de eo quod interest*, n° 68.
(2) *Traité de la vente*, n° 69.

lors même que la chose se serait détériorée entre les mains de l'acheteur ; il en donne cette raison, « qu'il est de la nature de tout contrat commutatif et synallagmatique, que l'une des parties ne contracte son engagement envers l'autre qu'à la charge que l'autre partie ne manquera pas au sien. » L'art. 1631. C. N. établit jusqu'à l'évidence, la preuve que notre législateur est en parfaite conformité avec la doctrine du *de eo quod interest* et de Pothier. On y suppose que l'acheteur était de bonne foi et que *rem quasi suam neglexit*, il aura toujours droit à la restitution du prix, de sorte que l'éviction va devenir pour l'acheteur une bonne fortune (1). Pourquoi les rédacteurs du Code n'ont-ils pas plutôt adopté les principes si sages et si nettement exposés par Domat, dans le titre de ses *Lois civiles*, que nous avons déjà cité plusieurs fois (2) ? C'est là que se trouve la véritable théorie du droit romain.

Quanti sui interest, actor consequatur, disait la L. 6, *in fine*, D. *De evict.* Il suffit de jeter un regard sur ce texte et sur ceux que nous avons indiqués plus haut pour se convaincre que « le prix s'y trouve confondu avec l'*id quod interest*, et que quand les textes disent que *id quod interest* augmente ou diminue, cela doit nécessairement s'entendre du prix (3). »

Ce qui peut paraître quelque peu étrange c'est l'unanimité des auteurs à justifier le système du Code

____

(1) M. Valette à son cours.

(2) *Lois civiles*, tit. 2, sect. 10, n°ˢ 12 et suiv.

(3) Molitor, *De la vente*, tome 2, p. 121.

et à critiquer la théorie du droit romain et de Domat. MM. Aubry et Rau trouvent que l'opinion de Dumoulin et de Pothier est conforme à la nature du contrat de vente. En effet, le vendeur qui ne satisfait pas à son obligation de transférer à l'acheteur la propriété de la chose vendue, n'a aucun prétexte pour retenir une partie quelconque du prix : il doit, par conséquent, restituer en totalité la somme qu'il a reçue, lors même que le dommage réel causé à l'acheteur par l'éviction se trouve inférieur à cette somme (1).

Quoi qu'il en soit, le Code est formel et nous devons accepter sa doctrine telle quelle. Un arrêt de Colmar du 7 avril 1821, reproduisant l'idée de Domat, avait présenté le prix de vente comme constituant des dommages-intérêts, afin de motiver contre le vendeur une condamnation par corps (126 C. pr. civ.), mais cet arrêt, conforme aux véritables principes du droit, a été universellement critiqué, comme dérogeant à ceux du Code. Nous devons donc distinguer avec lui dans le cas d'éviction : 1° une *condictio indebiti* ; 2° une demande en dommages et intérêts. Quelques mots encore de cette dernière. Le Code, nous le savons déjà, prend cette expression, dommages et intérêts, dans un sens spécial et restreint au n° 4 de l'art. 1630. Mais il est évident que l'acheteur n'aura droit au bénéfice dont le n° 4 fait mention, que dans le cas où il ne serait pas complétement désintéressé par la restitution des fruits et des frais, 2° et 3° du même art. 1630. On peut donner comme

(1) Voyez aussi Marcadé sur l'art. 1635, p. 271, note 1, et la liste *des auteurs qui s'y trouvent rapportés.*

exemple des dommages et intérêts proprement dits, la différence entre le prix de la vente et la valeur plus grande de la chose, au moment de l'éviction, et les dépenses autres que celles qui sont une charge des fruits (1). Nous verrons dans notre deuxième chapitre comment varie l'étendue des dommages et intérêts, suivant la bonne ou mauvaise foi du vendeur. C'est là que devrait se placer une des difficultés de notre matière. Mais pour ne pas scinder la théorie qui nous occupe, nous dirons d'ores et déjà quelques mots sur cette question. Il s'agit de savoir si la différence entre le prix de vente et la plus-value est due dans tous les cas, lors même qu'elle serait exorbitante et résulterait d'événement tout à fait imprévus, tel que le percement d'une route, la construction d'un chemin de fer, l'assainissement d'un marais, etc., etc.

Si l'on veut se faire une idée de la diversité des solutions qui ont été données à ce sujet, on n'a qu'à se reporter au commentaire de Marcadé sur l'art. 1635. « M. Duvergier, » nous dit dit-il, « d'après Dumoulin et Pothier, applique l'art. 1150 qui déclare que, hors le cas de mauvaise foi, le débiteur ne doit que les dommages et intérêts que l'on a pu prévoir. Toullier (VI, 285), Duranton et Zachariæ pensent que la disposition spéciale de l'art. 1633 échappe au principe général de l'art. 1150 ; M. Troplong enfin (1, 507) hésite entre les deux doctrines, parce qu'il trouve la seconde plus conforme au texte de la loi et la première plus conforme à l'équité. »

(2) Marcadé, *loc. cit.*, p. 277.

Il faut cependant faire un choix et prendre une décision. C'est à l'opinion de Toullier que nous croyons devoir nous ranger, malgré l'argumentation spécieuse que présente Marcadé, dans le sens de la solution proposée par M. Duvergier. Le texte de l'art. 1633 est formel; il ne fait aucune distinction. Il est à croire que le Code, en s'expliquant ainsi, a voulu déroger au système de Pothier (n° 124 du *Traité de la vente*). La doctrine de ce jurisconsulte était d'ailleurs, sur ce point, conforme à celle du droit romain; si le Code a porté une disposition expresse, c'est qu'il avait l'intention formelle d'innover. Et M. Toullier d'approuver l'innovation. « Le principe de Pothier, dit-il, retombe dans l'arbitraire le plus absolu, ou plutôt, pressé en rigueur, il conduit à soutenir que le vendeur de bonne foi ne doit, en cas d'éviction, que le montant du prix qu'il a reçu et des loyaux coûts et intérêts; car il n'a pu s'attendre à des dommages et intérêts, qui sont la suite d'une éviction imprévue, et qui, s'il avait pu la prévoir, l'aurait empêché de vendre. » Quant à nous, tout en reconnaissant que le Code abandonne, dans l'art. 1633, la doctrine romaine, nous ne pouvons nous associer à la justification de Toullier; il nous paraît évident que la théorie du Code doit conduire quelquefois à des résultats iniques, et nous aurions voulu trouver, dans l'argumentation de Marcadé, une considération qui pût nous autoriser à croire que l'art. 1633 était conforme au principe général de l'art. 1550. Mais en vain l'art. 1639 renvoie-t-il aux règles générales établies au titre des contrats ou des obligations conventionnelles pour toutes les questions auxquelles peuvent donner lieu les dommages intérêts ; nous ne croyons pas que l'on puisse trouver dans ce renvoi quelque chose d'assez topique et d'assez fort pour ébranler la disposition formelle de l'art. 1633. Du reste, le Code n'a pas tardé à reprendre les errements de l'ancienne jurisprudence et du droit romain dans les articles suivants (voyez le chapitre deuxième). L'art. 1635, prévoyant le cas où l'on a vendu de mauvaise foi la chose d'autrui, nous devons nous arrêter à l'hypothèse de l'art. 1599 et présenter quelques développements sur une des questions qu'il soulève.

« La vente de la chose d'autrui est nulle, nous dit l'art. 1599 : elle peut donner lieu à des dommages-intérêts, lorsque l'acheteur a ignoré que la chose fût à autrui. »

Cette disposition si courte, si simple en apparence, a fait naître les plus graves difficultés, les plus vives controverses.

Le droit romain, chacun le sait, partait d'un principe diamétralement opposé ; dans cette législation, la vente de la chose d'autrui était parfaitement valable. Il est bon de se fixer, avant tout, sur la terminologie. *Vendre*, pour les rédacteurs du C. N., c'est aliéner sa propriété moyennant un prix. « Il est ridicule, a dit M. Tronchet, de vendre la chose d'autrui. » La vente transférant la propriété, l'obligation du vendeur ne peut donc être que la délivrance. De ces principes découle forcément la nullité de la vente de la chose d'autrui. Si le vendeur s'obligeait seulement à transférer la propriété, pourquoi la vente de la chose d'autrui serait-elle nulle ? L'opération qui interviendrait, dans ce cas, entre les

— 122 —

deux contractants ne serait point une vente ; nous re-
tomberions sous l'application de l'art. 1430. Je puis
très-bien me porter fort que tel ou tel, mon voisin
par exemple, vous cédera sa propriété. Ce serait alors,
comme le dit Marcadé (1), un contrat parfaitement valable, produisant pleinement le seul effet qu'il se pro-
pose, c'est-à-dire la simple *obligation* pour Primus, de
faire avoir à l'autre partie, Secundus, la propriété de
Tertius ; obligation qui, en cas d'inexécution, se rédui-
rait à des dommages et intérêts. L'intention des parties
pourrait résulter de la nature de l'acte encore qu'elles
eussent employé les mots *vendre* et *acheter*. Il en découle cette conséquence, que le prétendu acheteur ne
pourrait pas agir immédiatement en nullité et en dommages et intérêts contre le prétendu vendeur, comme
dans l'hypothèse de l'art. 1599, mais serait obligé
d'attendre un délai suffisant pour que la cession put
s'opérer (2).

Pour expliquer la doctrine romaine, il faut bien se
garder d'invoquer le principe que le vendeur s'oblige
seulement *ut rem emptori habere liceat*. Ce motif, bien
que donné par la plupart des auteurs, est complétement
faux. Il suffit, pour le prouver, de rappeler que le legs
de la chose d'autrui était parfaitement valable en droit
romain. C'est la terminologie qui est différente dans
les deux législations, et comme on l'a dit avec un
un grand sens, on ne saurait reprocher aux prudents
de n'avoir pas prévu la signification que les rédac-

(1) Sur l'art 1599.
(2) Id. *loc. cit.*

teurs du C. N., donneraient, dix-huit siècles, après eux,
aux expressions *vendre* et *acheter*. En droit français,
si l'on a vendu la chose d'autrui, l'opération ne sera
point faite ; *nulla est venditio*, il n'y a pas de vente,
il n'y a rien. La cause de l'obligation de l'acheteur,
c'était, tout à la fois, l'acquisition de la propriété et
les obligations contractées envers lui ; chez les Romains, la cause de l'obligation de l'un était la cause
corrélative de l'obligation de l'autre ; par conséquent
l'acheteur pourra répéter son prix et même réclamer
des dommages et intérêts (1). Donc, pour arriver à la
répétition du prix, il suffirait de dire, avec MM. Aubry
et Rau que le vendeur s'oblige à transférer la propriété. Notre Code est allé plus loin.

L'acheteur n'a droit à des dommages et intérêts
que lorsqu'il n'a pas su que la chose appartenait à
autrui. Si les contractants sont tous les deux de mauvaise foi, l'acheteur n'a droit qu'au prix. Nous n'exa-
minerons point toutes les difficultés auxquelles a donné
lieu l'interprétation de l'art. 1599 ; elles ne rentrent
point dans notre cadre ; nous n'avions qu'un but en
abordant cette matière si délicate, c'était de montrer
comment la vente de la chose d'autrui est une cause
de dommages intérêts. Les derniers mots de l'art. 1599
vont nous amener, par une transition toute naturelle à
la question de savoir dans quel cas l'obligation de
garantie cesse quant aux dommages et intérêts. Nous
n'avons point à nous occuper du prix.

Le vendeur est déchargé de toute obligation à des

______

(1) M. Valette à sons cours,

dommages-intérêts, dans le cas où il y a stipulation de non garantie (1629). MM. Aubry et Rau font remarquer, à ce sujet, que cette stipulation laisse subsister, dans toute son étendue, l'obligation de garantie à raison d'une éviction qui proviendrait d'un fait personnel au vendeur, soit postérieur, soit même antérieur à la vente, à moins que, dans ce dernier cas, la cause de l'éviction n'ait été expressément déclarée.

L'obligation de garantie cesse encore, quant aux dommages-intérêts, lorsque l'acheteur connaissait, lors de la vente, le danger de l'éviction. C'est ce qui résulte du dernier alinéa de l'art. 1599. « Toutefois, dit Zachariæ, le vendeur demeure, même dans ce cas, soumis à des dommages intérêts, lorsque, connaissant lui-même les causes d'éviction, il s'est obligé à la garantie par une clause formelle; seulement les tribunaux paraissent être en pareil cas, autorisés à modérer les condamnations à prononcer au profit de l'acheteur. »

Développant cette proposition, les commentateurs de Zachariæ, que nous citions tout à l'heure, montrent qu'une double condition est nécessaire pour que le vendeur soit passible de dommages-intérêts, lorsque l'acheteur connaissait le danger de l'éviction. Il faut, disent-ils, 1° que le vendeur ait également connu ce danger ; 2° qu'il y ait une clause formelle de garantie. En l'absence de la première circonstance, on ne saurait admettre que le vendeur ait entendu contracter des obligations aussi étendues que celles qui naissent

(1) T. 3, n° 355, notes 39 et 42.

de plein droit ; la présence de la seconde permet d'affirmer que c'est précisément à cause de l'éviction spécialement prévue que la garantie a été expressément
stipulée.

N'ayant pas à nous occuper du cas où l'obligation
de garantie cesse absolument, tant pour les dommages
intérêts, que pour le prix, il ne nous reste plus, qu'à
présenter quelques considérations sur la garantie des
défauts de la chose vendue.

§ 2. — *De la garantie des défauts de la chose vendue.*

Nous conservons en tête de ce paragraphe la rubrique du Code, bien que certains auteurs lui en aient
substitué un autre. MM. Aubry et Rau mettent le mot
responsabilité, à la place du mot *garantie,* dont la loi se
sert en cette matière. « Il ne s'agit point ici, » disent-
ils, « d'une véritable garantie. La garantie, en effet,
dans le sens propre de ce mot, suppose l'obligation
de prendre le fait et la cause d'une personne, pour
faire rejeter une demande dirigée contre elle, ou une
défense qu'on lui oppose. Tout en reconnaissant la
justesse de cette observation théorique plutôt que pratique, nous pensons qu'il est impossible de se mépren-
dre sur le sens que le Code donne dans cette section au
mot garantie, c'est la rédhibition et la diminution du
prix dont il est question dans le droit romain et dans
nos anciens auteurs. Il ne s'agit plus ici de défendre
l'acheteur, mais de lui procurer une chose propre à sa
destination. L'art. 1641, C. N., détermine les causes
et circonscrit l'étendue de la responsabilité du vendeur.

Ces causes, ce sont des défauts cachés que l'on appelle vices rédhibitoires, et leur nom indique assez leur caractère. On conçoit cependant, que les questions sur les vices de cette nature doivent laisser une large place à l'appréciation des tribunaux. (Voyez dans les commentateurs de Zach. MM. Aubry et Rau, t. 3, p. 274, les notes 2, 3, 4, 5 et 6 et les arrêts qui s'y trouvent rapportés.) La jurisprudence applique notre art. 1641 à toute espèce d'objets, même à des offices ministériels (1). L'art. 1643 est parfaitement conforme au droit romain, comme on peut s'en convaincre d'après les textes cités par Domat (2). « Quoique les défauts de la chose vendue fussent inconnus au vendeur, l'acheteur peut faire résoudre la vente, ou diminuer le prix, si ces défauts sont tels qu'ils y donnent lieu. Car comme on n'achète une chose que pour son usage, si quelque défaut empêche cet usage ou le diminue, le vendeur ne doit pas profiter d'une valeur que paraissait avoir, et que n'avait pas ce qu'il a vendu. » Il est impossible de donner un meilleur commentaire de l'art. 1643. Quant à la disposition suivante, celle de l'art. 1644, elle reproduit également l'alternative de la loi romaine ; le vendeur a le choix ou de rendre la chose et de se faire restituer le prix, ou de garder la chose et de se faire rendre une partie du prix, telle qu'elle sera arbitrée par experts. Même dans le cas où le vendeur a été de bonne foi, c'est-à-dire où il a ignoré les défauts de la chose, il sera tenu de désintéresser l'acheteur des frais où la vente aurait pu l'engager (1646) ; mais ce ne sont pas

______

(1) Zach., *loc cit.*, p. 275, note 10.
(2) *Lois civiles, loc. cit.*, sect. xi, n° 5.

là des dommages et intérêts proprement dits, ainsi que Domat le prétend.

La question d'indemnité ne se présente véritablement que dans l'art. 1645 où l'on prévoit le cas dans lequel le vendeur est de mauvaise foi. Mais nous n'avons point à traiter encore de cette disposition qui rentre plus directement dans notre deuxième chapitre.

Tous les auteurs admettent que l'acheteur a droit à des dommages et intérêts, s'il établit que le vendeur devait être présumé, à raison de sa profession, avoir connu les vices de la chose vendue. C'est ce que l'on exprime par la maxime : *unusquisque peritus esse debet artis suæ*, ou bien par cet autre brocart : *Imperitia culpæ innumeratur*. « C'est ainsi, dit Domat (*loc. cit.*), que le vendeur serait tenu de tous dommages et intérêts, s'il était obligé de connaître les défauts de la chose vendue, quoiqu'il prétendît les avoir ignorés ; comme si un architecte qui fournit des matériaux pour un bâtiment y en avait mis de mal conditionnés, il serait tenu du dommage qui en arriverait.

L'art. 1647 qui prévoit un des cas où la responsabilité du vendeur vient à cesser, porte, dans son dernier alinéa, que la perte arrivée par cas fortuit sera pour le compte de l'acheteur.

La responsabilité du vendeur cesse encore, lorsque l'acheteur acquiert, avant le contrat, par une voie quelconque, la connaissance positive des vices de la chose ; lorsque l'acheteur a renoncé à tout recours, à moins que l'acheteur ait eu connaissance des défauts, 1643 ; enfin lorsque la chose a péri par cas fortuit ou par la faute de l'acheteur.

CHAPITRE DEUXIÈME.

DE L'ÉTENDUE DES DOMMAGES INTÉRÊTS.

Nous nous proposons de commenter dans ce chapitre, les dispositions du C. N. relatives à l'étendue des dommages et intérêts, et notamment les art. 1149-1153. Sous ce rapport, il faut distinguer les obligations dont l'inexécution donne lieu à un dédommagement fixé par le juge ou par les parties contractantes, et celles dont l'inexécution entraîne une indemnité fixée par la loi. Nous n'avons point à nous préoccuper de ces dernières, dont il est question dans l'art. 1153. Nous n'indiquons ici, que les principes généraux sur l'étendue de la réparation ; les règles spéciales à la clause pénale, au devoir du juge, à la liquidation des dommages et intérêts, viendront, comme en droit romain, dans un troisième chapitre.

« L'art. 1149 » dit Marcadé, et « les articles suivants ont pour objet de fixer l'étendue des dommages et intérêts, de poser les règles d'après lesquelles on devra mesurer ce que le débiteur doit au créancier pour l'inexécution ou pour l'exécution incomplète ou tardive de son obligation. » Nous ferons, en cette matière, de fréquents emprunts à nos grands jurisconsultes français, à Domat et à Pothier. Nulle part les principes n'ont été posés d'une façon plus magistrale. On comprend qu'il est bien difficile de statuer sur une demande en dommages et intérêts, lorsque ni la loi ni la convention n'en déterminent le chiffre. La question qui se présente au juge est alors des plus complexes; des éléments divers s'y pressent en foule. C'est l'appréciation du fait, son imputation, la constatation du préjudice, l'évaluation des pertes.

Le fait, nous le connaissons déjà : c'est l'inexécution, la demeure, l'éviction, etc. La preuve doit en être faite d'après l'un des modes reçus en justice, tels qu'ils sont prévus et organisés par le Code, dans le ch. vi, liv. iii. Là n'est point la difficulté. Le dédommagement ne doit pas seulement se régler par la vue de la cause du dommage, mais par celle des événements qui en sont la suite (1).

Quant à l'imputation du fait, elle présente des questions un peu plus délicates, car on y doit tenir compte de l'élément intentionnel. (Voir sur ce point notre premier chapitre, 1ʳᵉ partie, où nous avons donné des explications suffisantes.)

Il faut avouer que le Code s'est montré dans la matière que nous traitons d'une sobriété peut-être excessive. Voilà pourquoi, sans doute, les règles si rares et si concises qu'il nous a données, reçoivent souvent, malgré leur application quotidienne, une fausse interprétation. Nous connaissons déjà la disposition de l'art. 1149; elle nous fournit sur l'étendue des dommages et intérêts une notion qui se confond avec la définition même de ces dommages ; mais elle se hâte d'apporter bien vite un tempérament à la règle qu'elle pose : *sauf les exceptions et les modifications ci-après.* Il fallait en effet prévenir avant tout les abus que

____

(1) Domat, *Lois civiles*, liv. 3, tit. 5, *des intérêts, dommages*, etc.

l'on pouvait faire de l'extension du principe, et le restreindre dans ses conséquences. La limitation se trouve
dans les art. 1150-1152, applicables à toute obligation qui n'a point pour objet une somme d'argent. Le
Code admet sur la variation des dommages-intérêts,
une distinction entre le cas où l'on peut reprocher le
dol au débiteur et celui où il en est exempt, 1150. Le
débiteur ne doit jamais la réparation des pertes qui ne
sont qu'une suite éloignée et indirecte du défaut d'exécution, 1151. Tel est, résumé dans cette double formule,
le système de notre législation ; voyons comment la
doctrine l'entend, comment la jurisprudence l'applique.
Le Code a pris le même point de départ que Pothier
(n° 160, *Traité des oblig.*). « Il ne faut pas néanmoins
assujettir le débiteur à indemniser le créancier de toutes les pertes indistinctement que lui a occasionnées
l'inexécution de l'obligation, et encore moins de tous
les gains que le créancier eût pu faire, si le débiteur eût
satisfait à son obligation. Il faut, à cet égard, distinguer différents cas et différentes espèces de dommages
et intérêts ; il faut même, selon les différents cas,
apporter une certaine modération à la taxation
et estimation de ceux dont il est tenu. » Puis vient
dans la suite de ce n° 160, la distinction reproduite
presque dans des termes identiques, par l'art. 1150
C. N. Pothier, après avoir posé le principe, donne deux
exemples pour l'éclairer : le premier est relatif à une
question de délivrance, le second à une question de
garantie. J'avais acheté un cheval, et le vendeur était
convenu de me le livrer dans un certain temps ; par sa
faute, le cheval ne m'a pas été livré, j'ai été obligé

d'en acheter un autre qui m'a coûté plus cher, la différence de prix est un dommage dont le vendeur est
obligé de m'indemniser; car c'est un dommage que
j'ai souffert, *propter rem ipsam non habitam.* « C'est un
dommage qui n'a rapport qu'à la chose qui était l'objet du contrat, que j'ai pu prévoir qu'il pourrait souffrir,
le prix des chevaux comme toutes les autres marchandises étant sujet à varier (n° 161, *Traité des
obligations*). » C'est ainsi qu'il a été jugé par la ch. des
req. de la Cour de cassation, que les dommages et intérêts dus pour défaut de livraison de marchandises
vendues, et notamment de blés à l'époque fixée, peuvent comprendre le préjudice résultant de la hausse
survenue dans la valeur de ces marchandises, entre le
jour où la livraison devait en être opérée et le jour de
la demande (1).

Pothier montre ensuite, en se servant du même
exemple, comment le défaut de délivrance du cheval
a pu entraîner une autre espèce de dommages, étrangers à ce qui a fait l'objet de l'obligation, et qui n'ont
pas été prévus lors du contrat, et à la réparation des-
quels on ne peut pas dire que le vendeur se soit soumis
en contractant.

Cette dernière idée que Pothier exprime et d'après
laquelle la réparation varie d'après l'intention présumée
des parties contractantes est-elle bien conforme à l'esprit du droit romain? Nous ne le pensons pas; certai-
nement les prudents donnaient un autre motif, pour
soustraire le débiteur aux dommages et intérêts prévus par Pothier dans la seconde partie de son premier

(1) Req. 19 mars 1855; aff. Gougeat, D., p. 55, 1, 180.

exemple. Ils s'attachaient non pas à la prévision des parties, mais à cette circonstance que le dommage n'était pas une conséquence nécessaire de l'inexécution du contrat. (Voyez à cet égard les explications que nous avons données dans le deuxième chapitre de notre première partie.)

Le second exemple donné par Pothier dans le n° 161, et qui est relatif à la garantie due par le bailleur, est parfaitement conforme à la doctrine romaine, sur la réparation en cas d'éviction. Pothier a donc généralisé cette doctrine, et il a étendu à toutes les causes de dommages et intérêts une distinction que le droit romain apppliquait seulement au cas de garantie. Peut-être est-il résulté de cette confusion quelques incertitudes et quelques divergences dans la doctrine moderne. En effet, tous les auteurs n'entendent pas de la même façon les art. 1150 et 1151. Toullier (1) cite comme exemple, à l'appui de la distinction proposée dans ces articles, les dispositions des art. 1634 et 1635 qui se trouvent dans la section de la garantie. Puis, il renvoie aux lois civiles de Domat (2), où ce dernier développe les textes que nous avons déja cités (3) et dont la doctrine a été fidèlement reproduite par les rédacteurs du Code dans les dispositions invoquées par Toullier. « Car, encore qu'un vendeur, » dit Domat, « qui vend de mauvaise foi la chose d'autrui puisse ignorer, aussi bien qu'un vendeur de bonne foi, si l'acheteur fera des dépenses superflues dans la chose

(1) T., n° 284, p. 293.
(2) Liv. 3, tit. v, sect. ii, n° 8.
(8) Première partie, ch. 2.

vendue, il ne peut ignorer que sa mauvaise foi renferme la volonté de réparer tout le mal qui pourra suivre de la vente qu'il fait. Ainsi, au lieu que l'éviction est à l'égard du vendeur de bonne foi un cas fortuit qu'il n'avait pas prévu, cette éviction et les pertes qui en arrivent sont, à l'égard de l'autre, une suite naturelle de sa mauvaise foi, dont il doit répondre. »

Nous ne croyons pas que Toullier, en se référant aux textes du droit romain et aux développements de Domat, pour le cas où les dommages et intérêts proviennent d'une éviction, que Toullier, disons-nous, ait mis parfaitement en relief l'idée sur laquelle repose le principe général des art. 1150 et 1151. Nous préférons l'explication de Marcadé (1), qui est également celle que M. Valette présente dans son cours.

Dans cette doctrine, l'art. 1150 suppose l'application d'une convention tacite sur les fautes : « Quand on ne peut reprocher aucun dol au débiteur, on regarde naturellement sa dette de dommages et intérêts comme le résultat d'une convention accessoire arrêtée entre lui et le créancier sur ce point. » Mais on ne saurait supposer raisonnablement une convention tacite sur le dol, car le dol ne se présume pas, et, comme le dit d'une façon saisissante et originale l'auteur que nous analysons. « Peut-on imaginer qu'un débiteur ose faire, ou en tout cas qu'un créancier puisse accepter une proposition comme celle-ci : « S'il m'arrivait de ne pas exécuter notre contrat par fraude et mauvaise foi, vous n'exigeriez pas rigoureusement la réparation de

(1) Sur l'art. 1150.

tout le tort que je pourrais vous causer ! » Dans ce cas,
ce n'est point l'inexécution du contrat, c'est le dol qui
devient pour ainsi dire la cause de l'obligation accessoire ; et le dol étant un délit, n'admet pas de tempérament dans la réparation. Celle-ci se borne donc, dans
le cas de simple faute, aux dommages et intérêts qui
sont dus *propter ipsam rem non habitam*, suivant l'expression de Pothier ; au cas de dol, elle s'étend nécessairement à tout le dommage causé. Il est cependant
des cas où, même sans qu'il y ait eu dol chez le débiteur, les dommages et intérêts sont dus *extrinseçus*,
comme disait Dumoulin, c'est-à-dire « lorsqu'ils sont
soufferts par simple voie de la conséquence de la privation de la chose. » C'est par les circonstances que
l'on décidera si le débiteur doit ou non les payer. Nous
trouvons des exemples de cette sorte de dommages et
intérêts dans le n° 162 du *Traité des obligations*. J'ai
vendu mon cheval à un chanoine, dit Pothier, et il y
avait une clause expresse dans le marché par laquelle
je me suis obligé de le lui livrer assez à temps pour
qu'il pût arriver au lieu de son bénéfice et gagner les gros
fruits. Si dans ce cas j'ai manqué par ma faute, quoique sans dol, à remplir mon obligation *et que ce chanoine n'ait pu facilement trouver d'autre cheval ni d'autre voiture*, je serai tenu même des dommages extrinsèques résultant de la perte qu'il a faite de ses gros
fruits. Nous avons souligné à dessein les mots *et que
ce chanoine*, etc., parce que Pothier semble avoir en-
trevu le véritable motif que donnaient les lois romaines,
pour dispenser le débiteur, de la prestation des dommages et intérêts extrinsèques ; c'est que bien souvent le

préjudice ne lui est pas imputable dans son intégrité et que le créancier a quelque négligence à se reprocher. Le juge doit dès lors attacher, non pas à l'intention présumée des parties, question toujours délicate et difficile, mais à la responsabilité des contractants ; c'est la condition d'une justice plus exacte et d'une plus scrupuleuse équité. Aussi Marcadé nous dit-il qu'il n'est pas nécessaire de distinguer les dommages soufferts, *propter rem ipsam non habitam* ou *extrinsecus;* il suffit de dire que le débiteur doit tous ceux qu'il a dû prévoir, et que c'est aux tribunaux de décider, en fait, si tel préjudice aujourd'hui réalisé, a dû entrer ou non dans ses prévisions.

On trouve une application de ces principes dans un arrêt de la Cour sup. de Bruxelles, 1er mars 1818. (Voy. *Dall. A.* v° *Oblig.*, p. 204, not. 1.) Pothier, dans la deuxième partie du n° 162, nous donne un second exemple du cas où le débiteur doit les dommages et intérêts *extrinsecus*, même sans qu'il y ait eu dol de sa part. Marcadé a reproduit cet exemple, nous croyons inutile de le rapporter ici. Dans le n° 163, Pothier s'occupe des vices cachés, et sa doctrine est parfaitement conforme à celle du droit romain. Il se borne en effet à rapprocher de la L. 13, D. *De act. empt.*, la L. 132, D. *De reg. juris*, qui contient la maxime : *imperitia culpæ annumeratur*. Si le vendeur de pièces de bois ignorait leurs défauts et pouvait légitimement les ignorer, il ne sera soumis qu'à l'action *quanti minori;* mais si des connaissances spéciales, résultant de sa profession, empêchent que l'on puisse valablement excuser son ignorance, « il sera tenu des dommages et intérêts qui proviennent de l'écroulement du bâtiment que je voulais étayer. » Ici encore, il faudra faire quelques distinctions suivant les cas où il s'agira, soit d'un simple marchand de bois, soit d'un entrepreneur de constructions ; mais ces distinctions se ramènent toutes au principe qui domine cette matière, et qui consiste à tenir compte des prévisions légitimes et raisonnables des parties contractantes. Examinons, avant d'aborder l'explication de l'art. 1151, une question que nous avons réservée dans notre premier chapitre ; celle de savoir si, au cas d'éviction, le Code a fidèlement reproduit sa doctrine de l'art. 1150, et si le débiteur n'est jamais tenu que des dommages et intérêts qu'il a prévus ou dû prévoir, lorsque ce n'est point par dol que l'obligation n'a pas été exécutée. C'est de l'art. 1633 C. N. que naît la difficulté : cet article est ainsi conçu :

« Si la chose vendue se trouve avoir augmenté de prix à l'époque de l'éviction, indépendamment même du fait de l'acquéreur, le vendeur est tenu de lui payer ce qu'elle vaut au-dessus du prix de la vente. » Nous connaissons déjà pour l'avoir indiquée dans notre précédent chapitre, l'hypothèse que prévoit cette disposition. Vous m'avez vendu de bonne foi un fonds ou une maison qui, depuis la vente, a quadruplé de valeur par suite d'un événement tout à fait imprévu à l'époque du contrat, soit le percement d'une rue, l'établissement d'un chemin de fer, etc.

Il est inutile, je crois, de remonter jusqu'au droit romain, dont les dispositions à cet égard nous sont connues. Il suffit de rappeler la loi 43, *in fine*, **D.** *De act. empti*, qui se place dans l'hypothèse de la vente d'un esclave. L'acheteur a fait des frais pour son éducation, ils seront compris dans l'*actio empti;* mais un talent de premier ordre se révèle tout à coup chez l'esclave ; il devient, par exemple, un acteur célèbre ; le jurisconsulte décide que le vendeur n'ayant pu prévoir une telle augmentation, ne saurait être condamné, sans injustice, à en payer la valeur.

Domat se borne à renvoyer au texte de Paul que nous venons de rappeler. Quant à Pothier, il rattache la solution qu'il faut donner dans la question qui nous occupe, au principe de la constitution de Justinien, dont nous avons présenté une longue analyse. « Il nous reste à observer, » dit-il, dans son n° 164, « à l'égard des dommages et intérêts dont est tenu un débiteur, faute d'avoir rempli son obligation, dans le cas auquel on ne peut lui reprocher aucun dol, que lorsque les dommages et intérêts sont considérables, ils ne doivent pas être taxés et liquidés en rigueur, mais avec une certaine modération. C'est sur ce principe que Justinien, en la loi unique, *Cod. de sentent, quæ pro eo quod interest,* ordonne, etc., etc. Pothier fait ensuite l'application de cette loi, précisément à l'hypothèse prévue par l'article 1633 ; il justifie sa solution au moyen de son *criterium* habituel. Nous croyons avoir établi, dans la section 3° de notre premier chapitre, que les rédacteurs du C. N. avaient dérogé, dans cet art. 1633, au principe général de l'art. 1150 et à la doctrine du droit romain et de Pothier. Du reste, ils n'ont pas tardé à la reprendre, dans les art. 1634 et 1635 relatifs aux améliorations provenant du fait de l'acquéreur. « Le vendeur, nous dit l'art. 1634, est tenu de rembourser ou de faire rembourser à l'acquéreur, par celui qui l'évince, toutes les réparations et améliorations utiles qu'il aura faites au fonds. Et l'art. 1635 :

« Si le vendeur avait vendu de mauvaise foi le fonds d'autrui, il sera obligé de rembourser à l'acquéreur toutes les dépenses, même voluptuaires ou d'agrément, que celui-ci aura faites au fonds. » Ces dispositions sont d'une clarté qui nous dispense de tout commentaire. Quant à la vente de la chose d'autrui, voyez ce que nous en avons dit dans le précédent chapitre.

Arrivons au commentaire de l'art. 1151 qui porte : « Dans le cas même où l'inexécution de la convention résulte du dol du débiteur, les dommages et intérêts ne doivent comprendre, à l'égard de la perte éprouvée par le créancier et du gain dont il a été privé, que ce qui est une suite immédiate et directe de l'inexécution de la convention. »

Cet article est écrit dans la loi pour tempérer la rigueur du principe que le débiteur coupable de dol est tenu de toute la perte qu'il a causée. Il ne faut pas, même dans ce cas, se laisser entraîner par des conséquences successives qui doivent infalliblement conduire à l'injustice. C'est le cas de répéter ici : *summum jus, summa injuria*. Mais plutôt que de nous étendre sur des considérations qui se présentent à l'esprit de chacun, et qu'il est inutile de formuler, revenons à la méthode que nous avons suivie jusqu'à présent et tâchons de limiter et d'éclaircir la règle posée par le Code, au moyen d'exemples devenus classiques, depuis Domat et Pothier. Nous le disions dans les observations générales que nous avons présentées en commençant ce travail, il n'est point de fait dommageable sans conséquences, il n'est pas de coup sans contre-coup. C'est une des premières remarques de Domat dans le préambule du titre que nous avons rappelé tant de fois. « Pour ce qui est des événements qui peuvent suivre du fait à qui on impute le dommage, il peut y avoir des difficultés qui méritent des règles. Car il faut remarquer qu'il arrive souvent que d'un fait unique on voit naître un enchaînement de suites et d'événements qui causent divers dommages, soit que ces événements aient été des suites immédiates de ce fait même, et dont on puisse dire qu'il en ait été la cause précise, ou qu'il s'y trouve d'autres causes indépendantes de ce fait, mais dont il ait été seulement l'occasion, ou qui s'y trouvent jointes par quelque cas fortuit. » Voyons les exemples :

Je promets une boutique à un marchand pour une foire ; pour une cause, ou pour une autre, je suis dans l'impossibilité de remplir mon engagement à cet égard ; le marchand trouve une autre boutique, il la loue beaucoup plus cher, ou bien il n'en trouve pas, perd l'occasion de la vente et tombe en faillite. Il n'est point dtfficile de distinguer, en ce cas, le *damnum emergens*, le *lucrum cessans*, suites directes et immédiates, et le dommage, pour ainsi parler, indirect et lointain. Le bailleur, en supposant qu'il ne puisse invoquer d'excuse, répond de la différence de prix, si le preneur a loué plus cher ; s'il n'a pu trouver une autre boutique, le bailleur répond des frais de transport, de la perte résultant du profit non réalisé sur la marchandise ; mais, à coup sûr, il ne répond pas de la faillite, sorte de cas fortuit, ayant sa cause particulière dans l'état où se trouvaient les affaires du marchand.

On peut voir, par cet exemple, combien l'appréciation du *lucrum cessans* est plus délicate, plus difficile, que celle du *damnum emergens*. Combien de circonstances peuvent influer sur la variation du premier, et combien d'éléments doivent entrer dans l'arbitrage du magistrat ! C'est l'habileté du marchand, la quantité plus ou moins grande d'acheteurs et de vendeurs, le courant des affaires, les conditions de température pendant la foire, etc., etc. Je trouve un second exemple dans les n°ˢ 166, *in fine*, et 167 du *Traité des obligations* de Pothier. L'auteur se place dans l'hypothèse prévue par la L. *Julianus* (13, *De act. empti*), et relative à la vente d'un animal atteint d'une maladie contagieuse. Après avoir adopté la solution du jurisconsulte, Pothier examine la question qui nous occupe. « A l'égard des autres dommages que j'ai soufferts, qui sont une suite plus éloignée et plus indirecte du dol de mon débiteur, en sera-t-il tenu ? Perte de mes bœufs qui sont atteints par la contagion ; défaut de culture de mes terres, saisie de mes biens par mes créanciers. » La règle qui me paraît devoir être suivie en ce cas, dit Pothier, est qu'on ne doit pas comprendre dans les dommages et intérêts dont un débiteur est tenu pour raison de son dol, ceux qui non-seulement n'en sont qu'une suite éloignée, mais qui n'en sont pas une suite nécessaire, et qui peuvent avoir d'autres causes. C'est là sans doute le passage qui a été reproduit par notre législateur et qui est devenu l'art. 1151 C. N. Ajoutons qu'il est tout à fait conforme aux idées romaines. On peut voir dans la suite du n⁰ 167 la solution de Pothier qu'il serait superflu de reproduire, et les citations de Dumoulin qu'il apporte à l'appui de sa doctrine.

Enfin M. Toullier (1), se plaçant dans le même ordre d'idées et renvoyant d'ailleurs aux lois civiles de Domat, examine une dernière hypothèse, qui a été reproduite dans le *Répertoire alphabétique* de Dalloz (2). Une personne loue des voitures pour enlever une récolte ; l'inexécution du contrat en ayant retardé l'enlèvement, un orage a détruit la vendange ou la moisson. J'avais vendu ma récolte sur pied, pour payer mes créanciers ; faute de ce payement, mes biens sont saisis : ruine complète de mes affaires. Pas de difficulté pour cette dernière perte résultant de la saisie. Mais quant à la perte de la récolte, celui qui devait me fournir les voitures la devra-t-il entière ? en devra-t-il une partie ? n'en devra-t-il rien ?

Il n'en devra rien, répond Toullier, s'il peut invoquer le bénéfice des art. 1147 et 1148. Puis il faudra distinguer s'il y a eu de sa part dol, mauvaise foi ou seulement faute excusable. — Dans le premier cas, il doit tout le prix de la récolte, si elle a été *la suite* immédiate et directe de l'inexécution de l'obligation. Ceci dépend tout à fait des circonstances.

S'il est reconnu, en fait, que je n'ai pu me procurer d'autres voitures avant l'orage, le débiteur sera tenu de m'indemniser de la perte entière de ma récolte. Et

<hr>

(1) *Op. cit.*, t. 6, n⁰ 286, p. 294 et suiv.
(2) V. *Obligation*, n.⁰ 791.

comme l'observe très-bien Toullier, dira-t-on que la cause immédiate et directe de la perte de ma récolte a été l'orage, et non pas la faute du débiteur ? Nous répondrons que, pour rendre le débiteur de mauvaise foi responsable du dommage, l'art. 1151 n'exige pas que l'inexécution de la convention en ait été la cause immédiate et directe, mais seulement que le dommage ait été la suite immédiate et directe de l'inexécution, ce qui est bien différent (Toullier, *loco citato*). Nous ne suivrons pas cet auteur à travers tous les développements d'une pensée qu'il exprime d'une façon aussi nette que vigoureuse ; rappelons seulement que si le débiteur a manqué à son engagement, parce qu'un tiers à qui les voitures étaient louées ne les a pas ramenées à temps, le débiteur n'en sera pas moins tenu de la perte de la récolte, encore qu'il n'y ait eu aucune mauvaise foi de sa part. Un orage, pendant la moisson, est un événement que l'on peut assez prévoir, pour que le débiteur en soit rendu responsable. L'art. 1151 nous semble suffisamment élucidé ; résumons-nous dans la formule que présente Marcadé à la suite de son commentaire sur cette disposition : « Par suite immédiate ou directe, notre article entend, en définitive, une conséquence assez immédiate pour qu'elle soit encore directe, c'est-à-dire assez peu éloignée pour que des causes étrangères ne soient pas venues se mêler au dol du débiteur et contribuer à produire le résultat.

Avant de parcourir quelques décisions de la jurisprudence, nous avons à examiner encore un dernier point, à propos de ces pertes que les interprètes ont appelées *successives*. Ici les auteurs sont tous obligés de s'en référer à Domat et à Pothier. Le premier, dans le n° 11 de la section qu'il consacre aux dommages et intérêts (*loc. cit.*), nous parle de suites qui paraissent éloignées du fait dommageable, et qui peuvent cependant entraîner réparation. Son exemple à cet égard est celui d'un architecte « qui, ayant entrepris de bâtir une maison et de la rendre parfaite dans un certain temps, pour un locataire qui l'avait louée, ne la rend pas en bon état dans ce temps, ou la rend si défectueuse qu'une partie tombe en ruine, soit par le défaut des fondements ou par quelque autre cause dont cet architecte devait répondre. » Trois pertes en résultent : 1° dépenses pour reconstruire la maison ; 2° privation des loyers ; 3° indemnité due au locataire. L'entrepreneur répond de toutes ces pertes, voire même de celle des meubles qui se trouvaient dans la maison ; car, ainsi que Pothier le remarque (n° 163), il n'a pu ignorer que l'on y porterait des meubles, puisque la maison devait être habitée ; mais si l'on a porté dans la maison des meubles d'un grand prix : œuvres d'art, tableaux de maîtres, statuettes, etc., l'indemnité ne sera due en entier qu'autant qu'il y aurait eu, de la part de l'architecte, dol caractérisé par un dessein de nuire au propriétaire. Au cas de simple faute, il ne serait tenu que jusqu'à concurrence du prix auquel peut monter d'ordinaire le mobilier d'une personne de même condition (Pothier n° 165).

Ici pourrait se placer une observation de Domat, vivement critiquée par Toullier, et qui est relative à la modération des dommages et intérêts, eu égard à la fortune de l'entrepreneur. Mais les réflexions que peut suggérer le débat entre l'auteur des *Lois civiles* et le commentateur du Code Napoléon, trouveront mieux leur place à la fin du chapitre suivant, quand nous traiterons de la liquidation des dommages et intérêts, et par suite des devoirs du juge. Parcourons maintenant quelques arrêts. Sur le principe de l'art. 1149, à savoir que les dommages et intérêts sont en général de la perte éprouvée par le créancier et du gain dont il a été privé, on peut consulter une décision de la Cour de Bordeaux, rendue le 7 avril 1835, aff. Bodkin :

« Considérant, en ce qui touche les dommages et intérêts, que Bodkin en doit incontestablement à Gromel, puisque c'est le premier qui, sans motifs valables, n'a plus voulu du second pour son commis voyageur ; que l'indemnité doit se régler par la perte que Gromel a faite et par le gain dont il a été privé, etc. (1).

Pour apprécier le *lucrum cessans*, la Cour de Metz (2) a décidé qu'il ne doit pas s'entendre d'une manière relative, c'est-à-dire du bénéfice spécial que le créancier devait retirer de la chose, d'après l'usage auquel il la destinait, mais de ce qu'elle produit actuellement, de ce qu'elle aurait produit en sa faveur, si elle lui eût été livrée (3).

Voyez encore un arrêt de la Cour de Colmar, du 27 janvier 1842, (aff. Dufau), qui fixe les dommages et intérêts « dus par celui qui refuse d'exécuter la promesse qu'il a faite à un saisi d'acheter l'immeuble saisi, à raison de l'inexécution de cette promesse, « qui la fixe, disons-nous, à la différence existant entre le prix

(1) Dalloz Alph., v° *Oblig.*, n° 743, note 2.
(2) Metz, 20 août 1848, aff. Detilley.
(3) Dalloz Alph., v *Oblig.*, n° 783 et *Vente*, n° 886.

convenu et le prix obtenu par l'adjudication définitive.

En application de l'art. 1150, la cour d'Orléans a été appelée, le 20 juillet 1853 (1), à rendre une décision importante et que nous avons dû noter, parce qu'elle est de nature à être souvent invoquée. L'arrêt porte que « l'actionnaire d'une compagnie de chemin de fer, laquelle refuse d'exécuter une des lignes qui avait été mise à sa charge par la loi de concession, ne peut baser une action en dommages et intérêts sur le préjudice que lui cause cette inexécution, lorsque ce préjudice consiste, non dans la dépréciation des actions ou dans la délapidation du fonds social, mais dans la privation des avantages qu'il espérait, comme propriétaire et industriel, de la nouvelle voie de communication. » Enfin, sur le principe de l'art. 1151, la chambre des requêtes (2) a été peut-être un peu loin, lorsqu'elle a jugé que « les dommages et intérêts dus à raison de l'inexécution de l'obligation de fournir une somme d'argent promise pour l'achèvement d'un travail, tel, par exemple, que l'impression d'une œuvre littéraire, peuvent comprendre même le préjudice résultant d'une vente d'immeubles que le créancier a été contraint de faire à vil prix, pour rembourser les sommes dont l'emprunt est devenu nécessaire, par suite de l'inaccomplissement de l'obligation contractée envers lui. » Il nous semble difficile d'admettre qu'une telle vente ait un rapport direct et prochain avec l'inexécution de l'engagement, et que l'on puisse la faire rentrer

---

(1) D. P. 1854, 31, aff. Freret.
(2) Req. février 1852, aff. Sionest, D. P., 52, 1, 234.

dans les pertes prévues, lors du contrat (1). Il est inutile de poursuivre cette revue de la jurisprudence où nous trouverions plutôt des exemples à recueillir que des divergences à signaler; la doctrine est assez féconde et assez sûre, pour ne laisser aucun doute sur l'intention du législateur. Disons seulement quelques mots sur l'art. 1152, qui va nous fournir une transition toute naturelle entre ce chapitre et le chapitre suivant.

1152. Lorsque la convention porte que celui qui manquera de l'exécuter payera une certaine somme à titre de dommages et intérêts, il ne peut être alloué à l'autre partie une somme plus forte, ni moindre.

Les difficultés de régler la valeur des dommages et intérêts qui peuvent suivre de l'inexécution d'un engagement, obligent quelquefois ceux qui traitent ensemble de convenir d'une certaine somme, que celui qui manquera d'exécuter ce qu'il a promis sera tenu de payer à l'autre, pour lui tenir lieu de dédommagement. Telle est la réflexion que fait Domat (n° 15, *loc. cit.*), dans la section où il s'occupe des dommages et intérêts, puis il revoie aux principes sur les conventions en général, où il traite de la clause pénale (2). Nous suivrons l'exemple qu'il nous donne; n'étant pas assujetti aux nécessités de l'exégèse, nous renvoyons au chapitre suivant, pour donner à la disposition de l'art. 1152 les explications qu'elle demande.

(1) D. A. *Oblig.*, p. 205, n° 735.
(2) 18, sect. 4, *Conventions en général. Lois civiles*, p. 29.

CHAPITRE TROISIÈME.

RÈGLEMENT DES DOMMAGES ET INTÉRÊTS.

Pour ne point tomber ici dans des redites, nous renvoyons soit au premier, soit au troisième chapitre de notre première partie. Nous savons sur quelle question vont porter nos recherches. Il s'agit de fixer l'indemnité. Les parties peuvent y pourvoir d'avance ; à défaut de cette précaution, c'est au juge qu'il appartient de suppléer au silence du contrat. Nous touchons au point capital de notre matière, et pour l'exposer dans toute sa clarté, nous suivrons l'ordre précédemment adopté en droit romain. Une première section traitera des dommages et intérêts fixés par la convention des parties ; une seconde, de ceux qui sont réglés par le juge ou par les experts. Nous n'avons point à parler de la réparation dont la loi détermine le *quantum*.

Section I. — Dommages et intérêts réglés par la convention des parties.

Nous connaissons déjà le but et l'intention des contractants, lorsqu'ils règlent eux-mêmes les dommages et intérêts par une convention. Ils veulent ainsi prévenir les incertitudes d'une évaluation judiciaire, se soustraire aux difficultés que présente la preuve du *damnum emergens* et surtout du *lucrum cessans*. La clause pénale, avons-nous dit, se présente en droit romain comme une obligation conditionnelle ; chez nous, elle offre un caractère mixte ; elle obéit tantôt aux principes qui dominent la condition, tantôt à ceux qui régissent l'indemnité. Aussi, certains auteurs l'examinent-ils à la place qui lui est fixée par le Code, parmi les obligations avec modalité ; d'autres (1), à la suite de l'art. 1152, qui trouverait mieux sa place dans la section 6 du chapitre IV. C'est la section que nous allons étudier ; mais puisque l'art. 1152 s'est égaré dans le chapitre précédent, voyons avant tout quelles réflexions il doit nous inspirer.

Nous dirons d'abord que la disposition de cet article est en parfaite harmonie avec celle de l'art 1118, qui porte que la lésion ne vicie les conventions que dans certains contrats et à l'égard de certaines personnes (2).

Ainsi, liberté complète des conventions, voilà le principe. Hâtons-nous d'y apporter deux restrictions résultant l'une de l'équité, l'autre de l'ordre public. La première est consacrée par l'art. 1231, qui permet aux juges de modifier la peine, lorsque l'obligation principale a été exécutée en partie ; la seconde est formulée dans la loi du 3 septembre 1807, qui contient les règles de notre législation en matière d'usure. Cette restriction existait déjà dans la loi romaine (L. 13, § 26, D. *De act. empti*, 19, 1). Revenons au principe de l'art. 1152. Cet article, en supposant que la clause pénale est réglée en argent, a statué *de eo quod plerumque fit*. Rien n'empêcherait que l'indemnité ne fût réglée de toute autre façon, en denrées par exemple. Notre article est de droit nouveau ; en effet, dans le

(1) Notamment Zachariæ, t. 3, p. 73.
(2) M. Valette à son cours.

droit romain, le débiteur pouvait, du moins dans les actions de bonne foi, réclamer pour ainsi dire un supplément de dommages et intérêts (*in id quod pluris interfuerit agere*) si la clause pénale n'était pas suffisante pour réparer le préjudice qu'il avait souffert (1).

Pothier (n° 342, *in fine*, du *Traité des oblig.*), admettait déjà « que le juge ne doit pas être facile à écouter le créancier qui prétend que la peine qu'il a perçue ne le dédommage pas suffisamment de l'inexécution de la convention, car les parties ayant, par la fixation de la peine, réglé et fixé elles-mêmes les dommages et intérêts qui résulteraient de la convention, le créancier, en demandant de plus gros dommages et intérêts, semble revenir sur une estimation qu'il a faite, en quoi il ne paraît pas recevable. » Mais Pothier s'empresse d'introduire un tempéramment d'équité qui ne nous semble pas devoir être admis dans notre législation : *à moins*, dit-il *que le créancier n'eût la preuve en main que le dommage par lui souffert excède la peine convenue.* Notre Code semble se préoccuper avant tout, d'éviter les complications et les procès ; de là les termes absolus de l'art. 1152. En droit romain, nous l'avons vu, les juges ne pouvaient diminuer la peine sous prétexte qu'elle dépassait l'indemnité due au créancier. Il en était différemment dans notre ancienne jurisprudence ; cette fois encore, elle s'était malheureusement inspirée des doctrines de Dumoulin. On peut voir au n° 345 du *Traité des obligations* de Pothier, qu'elles avaient été combattues par Azon. Le Code adopte l'o-

_____

(1) LL. 23, D. *De act. empl.* ; 11 et 42. D. *Pro socio.*

pinion de ce dernier, malgré les arguments invoqués par Pothier, à l'appui de l'opinion contraire. La solution du Code se passe de justification; respecter la loi des contrats est la première condition de toute bonne justice.

Pour nous résumer sur les développements qui précèdent, nous dirons : le droit romain permet au juge d'augmenter la peine et lui défend de la diminuer; l'ancienne jurisprudence lui interdit de l'augmenter et l'autorise à la restreindre; le Code prohibe toute espèce de modification : le contrat fait la loi des parties.

Après avoir posé le principe de la liberté des conventions en matière de clause pénale, étudions de plus près cette modalité, analysons les divers éléments dont elle se compose. Mais notons d'abord quelques décisions de la jurisprudence, sur l'application de l'art. 1152. On peut consulter d'abord à cet égard, un arrêt de la cour de Nîmes, du 17 décembre 1849 (1).

La cour de Lyon a jugé le 16 juin 1832 que l'article 1152 n'enlève pas aux magistrats le droit de décider si le fait de l'inexécution est constant, s'il doit être attribué à la partie poursuivie pour avoir manqué au contrat, et jusqu'à quel point elle peut être responsable (2). De même un arrêt de la chambre des requêtes a décidé, le 8 mai 1833 (aff. Furnival), que de ce qu'un traité ou un compromis a stipulé une clause pénale ou des dommages et intérêts pour l'inexécution

(1) D., p. 52, 2, 69.
(2) D. Alph., v° *Oblig.*. p. 209, n° 833, not. 2.

de certaines clauses, il ne suit pas que des dommages
et intérêts ne puissent être accordés et fixés par des ar-
bitres pour inexécution d'autres clauses du même
traité (1).

L'art. 1226 prend la clause pénale dans le sens le
plus général.

La clause pénale est celle par laquelle une personne,
pour assurer l'exécution d'une convention, s'engage à
quelque chose en cas d'inexécution. Il suit de cette
définition que la clause pénale suppose nécessairement
deux obligations, l'une pure et simple, l'autre conditionnelle. « L'obligation pénale ayant pour but, dit
Pothier (2), d'assurer l'exécution de l'obligation principale, on doit en conclure que la vue des contractants
n'a point été d'éteindre ni de résoudre par l'obligation
pénale l'obligation principale, ni de la fondre dans
l'obligation pénale. C'est pourquoi, quoiqu'il y ait eu
ouverture à l'obligation pénale par la demeure en laquelle a été le débiteur d'exécuter l'obligation principale, le créancier peut, au lieu de demander la peine
stipulée, poursuivre l'exécution de l'obligation principale. »

Il serait peut être intéressant d'établir un parallèle
entre l'obligation conditionnelle qui se présente *prin-
cipaliter*, pour ainsi dire, et cette sorte d'obligation
conditionnelle accessoire qui résulte de la clause pénale (3). Mais cette comparaison ne nous paraissant

---

(1) Id. v° *Arbitrage*, n° 1150.
(2) N° 341, *Traité des oblig.*
(3) Voyez à cet égard Toullier. t. 6, p. 812, n°ˢ 805 et suiv.

pas rentrer dans le cercle que nous nous sommes tracé, nous devons la négliger et aborder le point spécial qui sollicite notre attention.

Signalons seulement au passage la disposition de l'art. 1227, qui ne présente aucune difficulté et qui ne contient qu'une application des règles générales.

« La clause pénale, nous dit l'art. 1229, est la compensation des dommages et intérêts que le créancier souffre de l'inexécution de l'obligation principale. »

Cette disposition se borne à reproduire le debut du n° 342 de Pothier, mais elle renferme un principe des plus féconds ; nous allons en voir découler une foule d'applications importantes.

Nous avons déjà signalé la première, par anticipation, en rapportant le passage de Pothier, tiré du n° 341. Lorsqu'un débiteur n'exécute pas ses engagements le créancier peut réclamer l'exécution directe, si elle est possible, ou bien faire condamner le débiteur à des dommages et intérêts. C'est ce qui arrive forcément dans les obligations de faire ou de ne pas faire.

Cependant, les art. 1143 et 1144 accordent dans ce cas au créancier une faculté qui ne lui est point enlevée, même quand il y a eu stipulation pénale. Le créancier, au lieu de demander la peine stipulée contre le débiteur, peut poursuivre l'objet de l'engagement principal. Ici encore il faut se garder de confondre l'obligation avec clause pénale et l'obligation alternative, confusion contre laquelle nous prémunissent tous les auteurs (1). Le créancier ne peut, aux termes de

(1) Toullier, *loc. citat.*

l'art. 1229 (2e alinéa), demander en même temps le principal et la peine, à moins qu'elle n'ait été stipulée pour le simple retard. Dans ce dernier cas, l'obligation accessoire se combine très-bien avec l'exécution de l'engagement principal; c'est une question d'interprétation de volonté (1).

Une seconde exception à la règle que le principal et la peine ne peuvent être cumulés, se présente, lorsqu'il a été convenu que dans le cas d'inexécution, la peine sera encourue et exigible, sans préjudice de l'obligation primitive, *rato manente pacto*.

Nous en trouvons un exemple dans l'art. 2047, C. N., copié, nous le savons déjà, sur un texte de droit romain. Cet article est ainsi conçu :

« On peut ajouter à une transaction la stipulation d'une peine contre celui qui manquera de l'exécuter. »

Ici se présente une question que nous avons rencontrée et discutée en droit romain, ce qui nous dispensera de lui donner en droit français de longs développements.

Comment faut il interpréter la clause pénale lorsqu'elle vient se joindre à une transaction ? Dans ce cas, la peine et le bénéfice de la transaction peuvent-ils être cumulativement réclamés par le créancier ? Nous proposerons, pour résoudre cette question, la distinction que présente Pothier au n° 343 de son *Traité des obligations*, et à laquelle tous les auteurs semblent s'être rattachés. Il faut, comme pour le cas de simple retard, tenir compte de la volonté des parties; le *quan-*

(1) C'est ce qui a été jugé par un arrêt de la chambre des réq. 27 avr. 1840. aff. Bazergue.

tum de la somme stipulée sera d'un grand secours pour la faire connaître. La clause pénale a-t-elle eu pour objet d'indemniser le créancier du dommage que pourrait lui causer la révision de l'acte, ou seulement de lui éviter les ennuis d'un procès? Tout est là ; comme le remarquent très-bien MM. Aubry et Rau (t. 3, p. 485, n° 121, not. 12), (1) l'art. 2047 n'a point eu pour objet de déroger au second alinéa de l'art. 1229 et de poser en principe qu'en matière de transaction, la peine se cumule nécessairement et toujours avec le principal. — La question reste, pour les transactions, comme pour tous les autres contats, une simple question d'intention, qui doit en général être résolue contre le cumul : *in dubiis quod minimum est sequimur.* Mais dans l'hypothèse spéciale de la transaction, l'intention des parties ne peut rationnellement s'expliquer que dans le sens du cumul, sauf la preuve contraire. L'art. 1230 contient une deuxième application du principe posé dans la disposition de l'art. 1229, al. 1°.

« Soit que l'obligation primitive contienne, soit qu'elle ne contienne pas un terme dans lequel elle doive être accomplie, la peine n'est encourue que lorsque celui qui s'est obligé soit à livrer, soit à prendre, soit à faire, est en demeure.»

Nous connaissons déjà par avance cette disposition ; les commentateurs du C. N. ne s'arrêtent pas à la développer, il est clair en effet que la clause pénale n'étant autre chose que la fixation faite à l'avance des domma-

(1) Voyez tous les auteurs cités dans cette note 12, et le n° 1613 de Dalloz A. v° *Obligation.*

gés et intérêts il faut appliquer ici ce que nous avons
dit plus haut de la mise en demeure qui fait courir ces
mêmes dommages (1). En conséquence, il faut apporter à l'art. 1230 les mêmes exceptions qu'à l'art. 1147,
à savoir que la mise en demeure est inutile, 1° lorsque
la chose ne pouvait être donnée ou faite que dans un
certain temps que le débiteur a laissé passer; 2° lorsqu'il a été convenu que par la seule échéance et sans
qu'il soit besoin d'aucun acte, le débiteur sera mis en
demeure. Le tribunal de commerce de Paris a décidé,
le 2 mars 1831, par suite de la première exception, que
l'acteur qui, sans justifier de son état de maladie, refuse
de jouer, doit être condamné à payer, à titre de dommages et intérêts, la somme qui a été convenue entre
lui et le directeur, dans la prévision de ce refus (2). Ob-
servons avec Pothier, n° 349, qu'il ne peut y avoir lieu
à la peine, lorsque c'est par un cas fortuit, ou par le
fait du créancier que le débiteur est empéché de remplir
son engagement. Lorsque l'obligation est de ne pas
faire, la peine est encourue par le seul fait de la contravention (Pothier, n° 347). Mais est-il nécessaire continue l'auteur (n° 348), que le fait qui donne ouverture
à l'obligation pénale ait eu effet? Cela dépend de l'intention qu'ont eue les parties. Soit, par exemple, un
partage, après lequel on ajoute une peine contre celui
qui l'attaquerait par voie de rescision; la peine est due
par le seul fait de la contravention, car la peine avait
pour but d'éviter la demande en justice. Soit au contraire une peine stipulée contre un propriétaire qui

(1) Marcadé sur l'art. 1230.
(2) D. A., *loc. cit.*, n° 1615.

louerait sa maison voisine de la mienne à un ouvrier exerçant une profession bruyante, « le bail qui en serait fait à un serrurier, s'il n'a pas été exécuté, ne donnera pas ouverture à la peine, car ce que je me suis proposé, en la stipulant du propriétaire mon voisin, était qu'il ne me causerait pas l'incommodité du bruit que peuvent faire les ouvriers d'un certain genre; le bail n'ayant pas été exécuté, ne m'a causé aucune incommodité, il ne doit donc pas donner lieu à la peine. »

De nombreuses décisions de jurisprudence attestent que l'appréciation souveraine de la volonté des parties appartient aux tribunaux. Voy. le n° 1618 ; Dalloz Alph., v° *Obligation*.

Nouvelle application du principe de l'art 1229, dans l'art. 1231. La peine peut être modifiée par le juge, lorsque l'obligation principale a été exécutée en partie. Nous connaissons déjà l'esprit de notre législation sur les pouvoirs accordés au juge, quand les parties ont fixé d'avance le *quantum* des dommages et intérêts (art. 1152); mais cet article suppose que l'obligation principale n'a reçu aucune espèce d'exécution. Si la réparation doit se régler d'après le dommage souffert, si la clause pénale est la compensation des dommages intérêts du créancier, le juge doit pouvoir modifier la peine, lorsque l'obligation principale a été exécutée pour partie. Et ce principe ne contrarie point l'art. 1244, qui veut que le débiteur ne puisse forcer son créancier à recevoir un payement partiel. L'art, 1231, vise les cas où le créancier ayant volontairement reçu une partie de la dette, ne peut plus exiger la peine en totalité, C'est ce que Dumoulin exprime très-bien, dans son

traité *De divid. et indiv.*, part. 3, n° 112, lorsqu'il dit :
« In omnibus sive individuis, sive dividuis pœna non
» committitur, nisi pro parte contraventionis efficacis,
» nec potest exigi cum principali, sed creditor non
» tenetur partem principalis, et partem pœnæ acci-
» pere. » Pothier développe cette proposition et l'explique par une série d'exemples, dans les n°ˢ 351 et
suiv. de son *Traité des obligations*. Nous n'en choisirons
qu'un seul, pour tâcher de mettre en relief la pensée
de la loi. Le juge peut maintenir ou réduire la peine,
suivant qu'il aura constaté en fait quelle était, à cet
égard, l'intention des parties. Il doit se poser cette
question : l'exécution partielle n'a-t-elle, en aucune
façon, atteint le but que les contractants s'étaient proposé, ou bien peut-on dire qu'elle a atteint le but dans
une certaine mesure? Vous me livrerez à telle époque
un navire qui doit m'emmener aux Indes, sous peine
de me payer le montant d'une clause pénale ; au jour
fixé, vous ne pouvez me fournir du navire que la char-
pente ; la peine est encourue pour le tout. Mais en me
vendant une métairie dénuée de bestiaux (ceci est un
exemple de Pothier), « vous vous êtes obligé de me
fournir deux paires de bœufs, à peine de 500 livres
de dommages et intérêts, au cas que vous manqueriez
de me les fournir ; vous ne pourrez pas, dans cette
espèce, m'obliger à recevoir une paire de bœufs, n'étant
pas obligé de recevoir pour partie ce qui m'est dû..... ;
mais si j'ai volontairement reçu une des paires de
bœufs, faute par vous de me fournir l'autre paire, je
ne pourrai vous demander que la moitié de la peine ;
car ayant reçu une partie de ce qui faisait l'objet de

l'obligation principale, je ne puis avoir la peine entière, ne pouvant avoir l'un et l'autre.

La Cour de cassation, par un arrêt de la chambre des requêtes du 1er avril 1843, a décidé que l'art. 1231 s'applique aussi bien à la peine prononcée par le juge qu'à la peine stipulée par les parties. (Lecoudier de Saint-Blaize, C. Godart).

Les juges ont d'ailleurs un pouvoir discrétionnaire pour réduire la peine ou la maintenir, lorsque l'obligation principale a été exécutée en partie. Tous les auteurs sont d'accord sur ce point, mais ils conviennent aussi que l'art. 1231 n'est point applicable à la peine encourue par le retard du débiteur. Le préjudice résultant de la demeure se produit *in solidum*, pour ainsi dire, dès que les délais sont expirés, et partant, il serait contraire à la nature même des choses de modifier la peine.

Il ne nous reste plus qu'à dire quelques mots d'une question dont nous avons traité longuement en droit romain. Nous voulons parler des effets de la clause pénale à l'égard des héritiers du débiteur. Dans les deux derniers articles de la section consacrée à la clause pénale, le Code abandonne les principes qui régissent l'indemnité pour retomber sous l'application des règles relatives à l'obligation conditionnelle.

Débarrassons-nous d'abord du premier alinéa de l'art. 1233, qui rentre parfaitement dans le cadre des idées générales et qui n'offre aucune espèce de difficulté. La clause pénale se divise absolument comme se diviseraient les dommages et intérêts.

L'art. 1232 et l'alinéa 2 de l'art. 1233 sont plus embarrassants; le débiteur, par exemple, laisse quatre héritiers et l'objet de la dette est une servitude de passage. Trois des héritiers consentent à laisser au créancier l'exercice de la servitude ; un seul d'entre eux s'y oppose ; il semblerait que seul il doive être condamné ; nullement, l'art. 1232 déclare « que la peine est encourue par la contravention d'un seul des héritiers du débiteur et qu'elle peut être demandée soit en totalité contre celui qui a fait la contravention, soit contre chacun des cohéritiers, sauf leur recours contre celui qui a fait encourir la peine. » L'art. 1233, deuxième alinéa, pose la même règle pour le cas où l'objet de la dette est indivisible *solutione*.

Dans cette théorie, le Code, avons-nous dit, considère la clause pénale comme une obligation secondaire conditionnelle, et il s'écarte mal à propos, ce nous semble des principes posés précédemment (1). Nous retrouvons une fois de plus des traces de la funeste influence que les conciliations de Dumoulin ont plusieurs fois exercée sur notre législation. Sans revenir sur les développements *in extenso* que l'on retrouve dans le *Traité des obligations* de Pothier, nous ferons observer avec Molitor que l'opinion de Caton a prévalu dans le Code sur celle de Paul (Voir notre troisième chapitre de droit romain).

L'auteur que nous venons de citer cherche à justifier le Code des critiques presque unanimes dont il a été l'objet. Il trouve que M. Marcadé a été trop loin lorsqu'il se demande comment la peine, même dans une

____

(1) M. Valette à son cours. Marcadé sur l'art. 1232.

dette indivisible, peut être due par tous pour la contravention d'un seul. Nous n'entrerons pas dans l'examen d'une controverse qui donne des résultats peu pratiques. Il faudrait reprendre ici les textes du droit romain, suivre Dumoulin et Pothier dans leurs subtiles distinctions ; une pareille étude ne présente ni attrait ni profit. Mieux vaut arriver tout de suite au règlement des dommages et intérêts.

Section II. — Dommages et intérêts réglés par le juge. Liquidation des dommages-intérêts.

Comme nous le disions au début de ce travail, les matières que nous traitons *potius sunt facti quam juris ;* aussi l'appréciation du magistrat y joue-t-elle un grand rôle. La loi devait être et a été très-sobre. Quelques indications, quelques règles générales : l'application abandonnée tout entière à la prudence des tribunaux, et variant à l'infini, suivant les faits et les circonstances. Du reste, lorsque les dommages et intérêts ne sont point fixés à l'avance, au moyen d'une clause pénale, les juges ont, pour cette fixation, un pouvoir discrétionnaire. Une jurisprudence constante reconnaît que leurs décisions à cet égard, ne sauraient donner ouverture à un moyen de cassation. Au milieu de tous les arrêts que rapporte, sur ce point, le répertoire alphabétique de Dalloz (1), nous citerons seulement celui qui fut rendu par la chambre des requêtes, le 3 août 1840 et qui statue « que l'on ne peut se faire un moyen de cassation de ce qu'un arrêt, pour refuser une indemnité a considéré uniquemment qu'il n'exis-

(1) V° *Oblig.*, n° 797, note 1, p. 206.

tait pas de perte, sans examiner en outre s'il n'y avait pas eu *lucrum cessans*.

Cette grande liberté d'appréciation laissée aux tribunaux leur impose des devoirs tout particuliers, comme un redoublement de scrupules et de vigilance. Il s'agit en effet de réparation, de donner une sanction au grand précepte du droit *alterum non lædere*, en appliquant cette autre règle d'équité et de justice : *suum cuique tribuere*. Et la mission du juge est aussi délicate qu'importante. Il doit examiner, tout d'abord, la nature du fait qui donne lieu aux dommages-intérêts, tenir grand compte des causes qui l'ont produit, telles que nous les avons étudiées dans notre premier chapitre. L'inexécution sera établie par le créancier, au moyen de l'un des genres de preuves admis par le Code. Le fait constaté, la question d'imputabilité se présente, le débiteur peut alors faire valoir ses excuses et, se décharger ainsi de toute responsabilité. Vient ensuite l'évaluation des pertes.

C'est en effet une des conditions essentielles de l'action en dommages et intérêts que le créancier ait souffert un préjudice, nous l'avons démontré en temps et lieu.

« Comme les dommages et intérêts, » disait Domat, « naissent toujours de faits que les circonstances diversifient, c'est par la prudence du juge qu'elles se décident, en joignant aux lumières que les principes doivent donner, le discernement des circonstances et des égards qu'on y doit avoir, soit pour diminuer la condamnation des dommages-intérêts par le retranchement des prétentions des pertes éloignées, et par d'autres considérations s'il y en a lieu, comme dans le cas où l'on ne peut imputer ni de mauvais dessein, ni aucune faute à celui qui est tenu de dédommager, ou pour donner à cette condamnation une plus grande étendue par la considération du dessein de nuire s'il y en avait (1). »

Parcourons quelques espèces pour mettre en relief la pensée de Domat.

L'obligation de faire se résout en dommages-intérêts; en conséquence, la chambre des requêtes a décidé, le 25 juillet 1857 (aff. de Joannis), que l'étendue du préjudice causé par l'inexécution de l'obligation de faire, doit être souverainement appréciée par les juges du litige. C'est du reste, ne l'oublions pas, au créancier, demandeur en dommages-intérêts, à prouver la perte et l'omission de gains dont il prétend avoir à souffrir. Nous avons déjà dit, dans notre précédent chapitre, comment doit s'apprécier le *lucrum cessans.* « En général, le prix des choses ne se règle pas par l'attachement qui peut en augmenter l'estimation, mais seulement sur le pied de ce qu'elles valent pour l'usage de toutes personnes indistinctement. « *Pretia rerum,* » disait la loi romaine, « *non ex affectu, nec utilitate singulorum, sed communiter funguntur.* » Et dans un autre passage: *Non affectiones œstimandas, sed quanti omnibus valeret.*

La Cour de cassation a jugé, le 13 janvier 1820, que, bien que les tribunaux ne puissent accorder qu'une indemnité compensatoire du *damnum emergens* et du

---

(1) *Lois civiles, loc. cit.*, n° 13.

lucrum cessans, ils ont cependant le droit d'allouer les intérêts de la somme fixée pour dédommagement, à partir de la demande en justice, comme partie et complément de cette indemnité. L'espèce sur laquelle avait statué la Cour se trouve rapportée, avec l'arret qui intervint, dans la note 2, n° 784 du Rép. alph. de Dalloz, *loc. cit.*

Les magistrats doivent tenir grand compte de la bonne ou de la mauvaise foi du débiteur. C'est là un des éléments essentiels d'une saine appréciation. Mais les tribunaux doivent-ils également prendre en considération l'état de fortune, la position pécuniaire de ces débiteurs ? Domat était de cet avis. Il rappelle, à cet égard, la loi 38 D. *De evictionibus : bonus judex varie ex personis, causisque constituet ;* se plaçant dans l'hypothèse de l'architecte, que nous connaissons déjà, (voir notre précédent chapitre), Domat déclare qu'il sera tenu de toutes les pertes successives arrivées par sa faute, *s'il peut en répondre.*

« Parce que les entrepreneurs, » continue-t-il, « n'ont pas toujours le moyen de faire de pareils dédommagements et que l'humanité oblige à des égards qui peuvent modérer la rigueur qu'une justice exacte pourrait demander, on peut apporter des tempéraments dans l'estimation de ces sortes de dommages et intérêts, par la vue de ces événements qui arrivent aux plus habiles et aux plus soigneux. »

Toullier s'élève contre cette doctrine, et nous devons présenter ses observations à la suite de celles de Domat.

« Qu'il nous soit permis de le dire, avec tout le respect qu'inspire le mérite vraiment supérieur de ce grand jurisconsulte, une pareille doctrine nous paraît fausse et dangereuse. Elle conduit à dire que la même cause doit être jugée diversement, suivant que la fortune du débiteur en faute est plus ou moins considérable; que le juge doit suivre les égards et les sentiments que l'humanité lui inspire, plutôt que les règles de l'exacte et sévère justice.

« Il y a malheureusement, et par la nature même des choses, beaucoup d'arbitraire dans l'évaluation des dommages et intérêts. C'est pour diminuer cet arbitraire, autant qu'il est possible, que la loi a tracé des règles pour guider les magistrats. »

Après avoir rappelé dans un résumé net et rapide l'ensemble de ces règles, l'auteur continue :

« Sans doute, le riche qui, sourd à la voix de l'humanité et insensible aux cris de la misère, exige tous ses droits à la rigueur, surtout contre un pauvre père de famille, est un homme dur et haïssable; mais c'est à l'opinion publique d'en faire justice. Le juge ne doit point écouter les flatteuses séductions de son cœur, il ne doit suivre que les règles de l'exacte et rigoureuse justice; un arrêt motivé sur la considération que le débiteur est pauvre, et que l'humanité lui doit des égards, ne serait point à l'abri de la censure : *Pauperi quoque non misereberis in judicio*, disait l'Exode, *non consideres vultum pauperis, nec honores vultum potentis. Justè judica*, portait le Lévitique.

Ces maximes d'une sagesse divine ont quelquefois besoin d'être rappelées, mais était-ce bien ici l'occasion? La pensée de la Bible n'est point en contradiction avec celle de Domat, nous ne pouvons nous associer aux critiques de Toullier que dans une certaine mesure. La pitié n'est pas toujours aussi mauvaise conseillère que que cet auteur veut bien le dire; nous ne voyons point pourquoi, dans telle circonstance, le juge n'écouterait pas les inspirations du cœur aussi bien que celles de la raison. Qui ne cherche la vérité qu'aux lumières de la seule intelligence s'expose à ne pas la voir tout entière; il faut la chercher pour rendre une bonne justice, avec toute son âme, avec sensibilité aussi bien qu'avec entendement. L'opinion publique s'égare quelquefois; le plus souvent elle se montre indifférente. Les juges ne doivent pas trop compter sur elle pour suppléer aux lacunes et corriger les imperfections de leurs sentences.

Mais Toullier témoigne d'une parfaite connaissance de la pratique judiciaire, et nous partageons pleinement son opinion lorsqu'il poursuit en ces termes : « Il arrive très-souvent que les juges fixent les dommages et intérêts à des sommes si modiques, qu'elles n'indemnisent pas celui à qui elles sont adjugées de la dixième partie des pertes qu'il a souffertes, sans songer, comme l'observe judicieusement Argou (1), que ces sortes d'indulgences ne sont pas seulement contraires à la justice et au bien des particuliers, mais qu'elles nuisent encore au bien public, en fomentant la mauvaise foi et les procès par l'espérance de l'impunité. »

Il est évident, pour quiconque se tient au courant de la jurisprudence, que l'observation d'Argou pourrait,

____

(1) *Institut. au Droit français*, liv. 4, ch. 17.

dans certains cas, trouver aujourd'hui son application. Les dommages et intérêts, surtout quand ils naissent à la suite de relations contractuelles, sont quelquefois accordés par les tribunaux avec une singulière parcimonie. Peut-être faut-il y voir une sorte de réaction contre les prétentions souvent exagérées des plaideurs ; mais je ne sache pas que, de nos jours, la plus-pétition soit une cause de déchéance.

Pour résumer ce qui précède et formuler clairement notre pensée, nous dirons avec M. Dalloz : « La bonne foi, l'ignorance du débiteur, les mauvais procédés ou l'imprudence du créancier peuvent, suivant les circonstances, excuser ou atténuer la faute, la négligence; mais la situation de fortune ou de famille de celui qui est reconnu coupable d'une faute, ne doit pas influer sur sa responsabilité. »

Il faut tenir compte des fautes personnelles du créancier, aussi bien que de celles du débiteur. Toullier (1) et tous les auteurs en font la remarque et rappellent à cet égard les dispositions des art. 1599 et 1629 C. N.

Nous signalerons en terminant sur la grande latitude d'appréciation laissée aux magistrats, un arrêt de rejet du 25 juillet 1838 (2).

La Cour de cassation y décide que les juges ne sont pas obligés d'ordonner une instruction pour régler les dommages-intérêts ; ils peuvent et doivent, lorsque leur conscience est suffisamment éclairée, les arbitrer eux-mêmes et en fixer la quotité. La Cour de Rennes

(1) *Loc. cit.* n° 290.
(2) D. A. *loc. cit.*, n° 798.

avait déjà statué dans le même sens le 22 avril 1812 (aff. Legarseneur C. Legonidec). Quand nous aurons posé en principe que les dommages et intérêts sont fixés en argent et que la condamnation qui les prononce doit être formelle, il ne nous restera plus pour terminer ce paragraphe qu'à dire quelques mots d'une hypothèse assez fréquente. Il s'agit du cas où les dommages et intérêts peuvent consister en une certaine somme à payer par chaque jour de retard, si l'obligation n'est pas remplie dans le délai assigné par le juge. La question est de savoir si de telles condamnations sont irrévocables dans leurs effets, lorsqu'elles ont acquis l'autorité de la chose jugée. La Cour de cassation, dans un arrêt vivement critiqué, mais dont la doctrine n'en a pas moins été suivie par la majorité des tribunaux, a décidé, le 10 juillet 1832, que la condamnation aux dommages et intérêts pouvait être réputée comminatoire, lorsque la déchéance n'avait pas été formellement exprimée (1). La Cour s'appuyait sur une double considération ; l'une de fait, l'autre juridique. La première se formule en disant que si l'omission de se conformer aux jugements devait entraîner des effets irrévocables, la ruine d'une partie pourrait être accomplie, alors que peut-être elle aurait les plus grandes chances de succès ; que la justice proteste contre une telle conséquence, et que tous les juges reculeraient devant elle s'ils pensaient que leurs décisions dussent forcément y conduire. La seconde s'appuie sur ce principe qu'il faut restreindre

______

(1) 10 juillet 1822, aff. Leblanc de Serigny contre Loyson. D. A., v° *Chose jugée*, n°s 284 et suiv.

les déchéances et que sans une expression bien formelle on ne doit pas les induire du jugement. M. Dalloz, qui plaidait devant la Cour, s'éleva contre cette
doctrine ; ses observations tendirent à montrer que
l'autorité qui s'attache à la chose jugée est absolue,
inconditionnelle ; qu'il ne faut point ébranler un des
plus grands principes de notre législation, un des plus
précieux. D'ailleurs aucun texte n'impose aux magistrats l'obligation d'insérer dans leurs jugements les
mots : à peine de déchéance ; aucune loi ne fait une distinction entre les sentences comminatoires et les sentences effectives ; et puis quels inconvénients ne ré-
sulteraient-ils pas dans la pratique, si pareille théorie
était admise ? « Il faudrait inventer des formalités,
des précautions particulières, des conditions de déchéance. » M. Dalloz n'était que l'interprète de la doctrine la plus accréditée, à l'opinion de laquelle nous
croyons devoir nous ranger avec lui.

§ 2. — *Liquidation des dommages-intérêts.*

« Tous jugements qui condamneront en des dommages et intérêts, » nous dit l'art. 128 C. pr. civ., « en
contiendront la liquidation, ou ordonneront qu'ils
seront donnés par état. » Cet article prévoit deux hypothèses : la première est celle où le juge a eu des éléments suffisants pour déterminer, dans le dispositif, le
quantum des dommages et intérêts ; la seconde, celle
où la question restant douteuse, le juge décide qu'elle
sera du chiffre de l'indemnité ultérieurement fixée
conformément aux art. 523 et 524 C. pr. civ.

La Cour de cassation a statué que l'art. 128 n'o-blige pas le juge à faire connaître les bases de la con-damnation ou à nommer des experts, et, spécialement, qu'un arrêt ne contrevient pas à cet article en décla-rant que, d'après les documents présentés à la Cour, il y a lieu de fixer à un certain taux le chiffre des dom-mages-intérêts (Req. 2 avril 1849, D. P., 49, 1, 104).

M. Boitard a parfaitement montré, dans ses leçons de procédure civile, l'intérêt que peut avoir le créan-cier à obtenir tout de suite une condamnation, bien que le montant n'en soit pas évalué. Cet intérêt sera de prendre sur les biens de son débiteur, et pour la conservation de ses droits éventuels, une inscription hypothécaire en vertu de l'art. 2123 C. N.

« Quelquefois même, » ajoute M. Colmet Daage, « en faisant statuer sur les dommages et intérêts sans en rechercher le chiffre quant à présent, les parties évite-teront des frais qui pourront être faits en pure perte. Si, par exemple, la fixation de la quotité des dom-mages et intérêts nécessitait des enquêtes, des exper-tises, des voyages, il sera plus utile de faire recon-naître par jugement qu'il est dû des dommages et intérêts, avant de faire les frais de ces opérations, frais inutiles aux deux parties si le principe des dommages et intérêts n'était pas admis. »

L'art. 128 C. pr. civ. renvoie donc au titre deuxième du livre V, intitulé : *De la liquidation des dommages et intérêts ;* c'est la rubrique même de notre paragraphe. Les art. 523-525 s'appliquent aussi bien à la réparation civile résultant des crimes, délits et quasi-délits, qu'aux dommages et intérêts qui sont dus pour inexécution, ou pour retard dans l'exécution des obligationsconventionnelles. Mais ces mêmes art. 523-525, visent le cas où le tribunal n'ayant pas fixé le *quantum* des dommages et intérêts s'est contenté de à reconnaître le droit du créancier à cet égard. Le Code, dit M. Boitard, s'est borné à reproduire les dispositions du tit. 32 de l'ordonnance de 1667.

« Lorsque l'arrêt ou le jugement n'aura pas fixé les dommages-intérêts, la déclaration en sera signifiée à l'avoué du défendeur, s'il en a été constitué, et les pièces seront communiquées sur récépissé de l'avoué, ou par la voie du greffe. »

Telle est la disposition de l'art. 513; elle est claire et précise. On s'est demandé seulement s'il s'agit de l'avoué du défendeur dans l'instance qui a été terminée par le premier jugement. Rien ne porte à croire que le Code ait voulu déroger à l'ordonnance qui se prononçait affirmativement sur cette question et dont l'art. 4 du titre précité reproduisait la disposition générale de l'ordonnance de Roussillon de 1563. Il faut seulement tenir compte dans notre hypothèse de l'art. 1038 C. pr. civ.

Quand le créancier a satisfait aux prescriptions de l'article précédent, le défendeur peut accepter le chiffre proposé; dès lors plus de débat. S'il refuse de l'admettre, il doit, aux termes de l'art. 524, « faire ses offres au demandeur de la somme qu'ilavisera, pour les dommages-intérêts; sinon la cause sera portée à l'audience, et il sera condamné à payer le montant de la déclaration, si elle est trouvée juste ou bien vérifiée.

Tous les auteurs remarquent que ces offres ne sont

point des offres réelles entraînant l'application des art. 1257 et suiv. C. N., 812 et suiv. C. pr. civ. La peine dont il est fait mention dans la première partie de l'art. 534 se trouve édictée, non par les art. 97 à 98, qui sont muets sur ce point, mais par l'art. 107.

L'art. 525, pas plus que les précédents, ne présente de difficultés. Dans la pratique, les deux hypothèses qui se présentent le plus fréquemment sont : 1° celle où le demandeur détaille les dommages et intérêts dès le début de la procédure et les discute au cours de l'instance, de sorte que le juge peut les liquider dans le jugement ; 2° celle où le juge introduit la clause : *si mieux n'aime le défendeur à dire d'experts*. L'expertise se fait alors dans la forme prescrite par le C. pr. civ.

Les tribunaux conservent d'ailleurs, dans l'éxécution, la même latitude que dans l'appréciation des faits ; ils peuvent donc ordonner enquêtes, interrogatoires, expertises, comme bon leur semble.

On s'est demandé si la Cour impériale peut, en confirmant le jugement attaqué, liquider elle-même les dommages-intérêts. L'affirmative a été jugée plusieurs fois, et notamment par la Cour de Rome le **26** janvier 1811 (1), dans une affaire Buon compagny Ludovici C. Giraud.

« Considérant, » disait la Cour, «que la liquidation des dommages forme une partie de la condamnation et lui appartient comme appendice et complément, plutôt qu'à l'exécution du jugement ; qu'ainsi on ne peut invoquer la règle qui veut que l'exécution du jugement

(1) Dalloz, v° *Jugement*, n° 566.

confirmé sur l'appel doive être renvoyée aux premiers juges; d'autant que la liquidation des dommages-intérêt pourrait être faite par l'arrêt lui-même... etc.

Enfin la Cour de Besançon a décidé, le 22 juin 1844(1), que la partie qui prétend qu'il y a eu erreur dans un jugement portant liquidation de dommages et intérêts doit se pourvoir par appel. L'art. 541 du C. pr. civ. est inapplicable dans ce cas. C'est qu'il ne s'agit point d'un compte proprement dit, mais seulement d'une déclaration de dommages, soumise à des règles particulières.

Outre les sûretés qui résultent du jugement et dans certains cas de la convention, le payement des dommages et intérêts peut être garanti dans certains cas. Au moyen de la contrainte par corps, aux termes du 1° de l'art. 126 C. pr. civ., « pour dommages et intérêts, en matière civile, au-dessus de la somme de trois cents franc. » En fixant cette somme, l'art. 126 se conforme au principe général posé dans l'art. 2065 C. N. Comme nous nous trouvons en présence d'une matière exceptionnelle, il faut prendre tous les termes de l'art. 126 dans le sens le plus restrictif. Si nous nous occupions de la responsabilité civile, nous pourrions examiner la question de savoir si la disposition de l'art. 126 est applicable au cas où l'action civile est portée devant les tribunaux séparément, indépendamment de toute action publique ou criminelle. Nous n'hésitons pas à nous prononcer pour l'affirmative avec l'arrêt de cassation du 18 nov. 1834 (2). Au

(1) Dalloz, v° *Obligation*, n° 825, n° 1.
(2) *Contrainte par corps*, n° 641. Cass., n° 1665 et suiv.

moment où nous écrivons ces lignes, la Cour suprême s'occupe d'un débat qui passionne tous les esprits, même non juridiques, et qui se rattache à la grande question de savoir dans quel cas l'arrêt qui alloue des dommages-intérêts à une partie, peut donner lieu à cassation. La grande latitude laissée aux juges en matière civile pour apprécier les dommages-intérêt qui résultent de l'inexécution des contrats permet rarement que la Cour puisse réformer une décision rendue à cet égard. Tous les arrêts que nous avons cités plus haut rejettent les pourvois plutôt qu'ils ne les admettent; c'est que la question ne présente un véritable intérêt et des difficultés sérieuses qu'en matière de responsabilité civile, un terrain sur lequel nous n'avons point à nous engager.

CHAPITRE QUATRIÈME.

Conclusion.

Nous avions songé, tout d'abord, à traiter sous toutes ses faces la grande question des dommages-intérêts. Sans nous restreindre aux indemnités qu'entraîne l'inexécution des contrats, nous voulions étudier, en même temps, celles qui proviennent des délits et des quasi-délits. La dissertation que nous présentons n'aurait été que la première partie d'un ouvrage dont la responsabilité civile aurait formé la seconde. En droit romain, comme en droit français, une vue d'ensemble sur cette vaste théorie de la réparation offrait quelque chose de séduisant; mais l'esprit doit se défier de cer taines séductions. Quand on abandonne la sphère des idées générales pour descendre à leurs applications si variées et si multiples, on se sent comme effrayé des révélations innombrables que la méditation vous prépare. Dès lors on n'a plus qu'une pensée : celle de circonscrire l'horizon afin de rendre l'observation plus sûre et plus féconde. C'est ainsi que nous avons successivement limité notre sujet. Il nous a fallu, tout d'abord, renoncer à la responsabilité civile, sous peine d'écourter, à la fois, les développements qu'elle mérite et ceux que réclamait notre étude. Dans le domaine des relations contractuelles, nous avons dû chercher encore plutôt à retrancher qu'à étendre. Les obligations qui ont pour objet des sommes d'argent, suivent des règles toutes particulières; c'est un sujet distinct qui pouvait, sans inconvénient, quitter la place que nous lui avions assignée; l'art. 1153 et les dispositions qui s'y rattatachent ne figurent point dans ce travail. Nous avons cru même qu'il était utile d'indiquer les raisons qui autorisaient cette suppression et de montrer comment les obligations de sommes d'argent forment une classe à part, obéissant à des lois spéciales. Domat, que nous avons si souvent invoqué, présente à cet égard, dans son préambule de la section des dommages-intérêts, une série de considérations qui sont le dernier mot de l'exposition juridique.

Ce n'est pas tout; on pourrait peut-être nous reprocher une lacune qui n'est point le résultat d'un oubli. Les obligations, en effet, ne se présentent pas

toujours pures et simples, telles que nous les avons
étudiées ; des modalités nombreuses peuvent les af-
fecter. Telles sont la condition, le terme, l'indivisibilité, la solidarité enfin, matière intéressante et délicate,
où nous aurions pu signaler, une fois encore, la fâ-
cheuse influence de Dumoulin sur quelques dispositions de notre Code. Mais nous avions un écueil à
redouter. Passer en revue une foule de théories importantes, c'était courir le risque de les effleurer plutôt que
de les approfondir. Mieux valait concentrer ses forces
sur un même point. Que si nous avons dû faire une
exception pour la garantie, c'est qu'à un certain point
de vue, elle n'est autre chose que l'action en dommages-
intérêts prenant un nom spécial ; *in proprium nomen
transit*, comme disaient les Romains à propos des
contrats.

Dans les proportions où nous l'avons réduite, notre
dissertation se borne donc à l'exposition des principes
généraux en matière de dommages-intérêts, c'est-à-dire
au commentaire des art. 1146-1152 et des dispositions
qui s'y rattachent. En droit romain, nous avions cru
tout d'abord devoir prendre Dumoulin pour guide, es-
pérant que le *Tractatus de eo quod interest* nous indique-
rait la route à suivre ; mais nous ne chercherons point
à dissimuler notre déception après la lecture du célèbre traité. Doneau et Domat nous ont offert de précieux
dédommagements. Celui-ci se présentait avec un ordre
lumineux, un plan d'une merveilleuse clarté, des divisions simples et rationnelles ; celui-là, nous offrait un
véritable modèle d'interprétation juridique. L'étude de
ces grands jurisconsultes nous a permis de consulter

avec fruit le cours de Molitor, dont nous avons essayé quelquefois de combattre les opinions. Avec de pareils secours, éclairé par l'enseignement de nos maîtres, peut-être pouvons-nous espérer que l'on nous pardonnera d'avoir abordé un sujet aussi délicat, aussi neuf que le nôtre, du moins en droit romain.

Après ces réflexions qui, n'ayant pas trouvé leur place au début, devaient se formuler à la fin de ce travail, il ne nous reste plus qu'à lui donner une conclusion. Jetant un coup d'œil rapide sur l'ensemble de nos développements, quelle impression doit en ressortir ? Pour donner aux intérêts lésés par l'inexécution d'un contrat la plus équitable satisfaction, quelle voie est la plus sûre ? quel est le moyen d'arriver à une réparation la plus exacte et la plus scrupuleuse ?

Quatre systèmes législatifs ont successivemens passé sous nos yeux en matière de dommages-intérêts ; trois en droit romain, un quatrième en droit français. En droit romain, le plus ancien dans l'ordre des temps, le plus imparfait, le plus incomplet, c'est le système de réparation dans les actions de droit strict. Peut-on même dire qu'il y ait là un système ? Ne trouvons-nous pas plutôt la négation de toute idée réparatrice, dans ces contrats où le rôle du juge se borne à une simple constatation, où les parties doivent tout prévoir, où le magistrat ne peut rien ajouter aux conventions primitives ? De là le fréquent usage de stipulation pénales, si souvent recommandé par les jurisconsultes. En ce cas, les parties fixent elles-mêmes le dédommagement. Procédé fort utile sans doute, mais souvent bien dangereux ; il met le débiteur à la merci de son créancier, substitue l'arbitraire d'une évaluation *à priori*, et par conséquent aléatoire, à l'exactitude d'une appréciation qui se base sur des faits accomplis et qui peut tenir compte de toutes les circonstances.

Dans le système des actions de bonne foi, tout se modifie, tout se perfectionne. Il est de l'essence de ces actions, comme leur nom l'indique, de faire aux principes d'équité la plus large part. L'initiative judiciaire y joue le plus grand rôle ; les mots *æquius melius, ex bona fide* qui s'introduisent dans la formule témoignent d'une grande liberté d'appréciation laissée au *judex*, rien ne l'entrave, rien ne l'arrête. Il n'obéit qu'aux inspirations de sa conscience.

Vint ensuite l'innovation de Justinien, sur laquelle nous avons dû longuement nous expliquer. La constitution de ce prince est, sans doute, le fruit d'une généreuse inspiration, mais les résultats qu'elle tend à produire nous paraissent fâcheux. Que l'on puisse déterminer le montant d'une condamnation pécuniaire, en matière criminelle par exemple, nous n'y voyons pas d'inconvénient. C'est surtout des lois pénales que que l'on peut dire : la meilleure est celle qui laisse le moins à l'arbitraire du magistrat. Mais en matière civile, comment obtenir une scrupuleuse équité en établissant un tarif unique pour des opérations qui peuvent se diversifier à l'infini ? Mieux vaut encore, dans ces sortes de questions, l'arbitraire *ex post facto* que l'arbitraire *a priori*. Fixer d'avance une condamnation au double, au triple de la valeur promise, c'est vouloir se placer, dans la plupart des cas, soit au-dessus, soit au-dessous du préjudice réel. Comment tenir compte des intentions du débiteur, des mille circonstances que nous avons signalées ? Les indemnités à forfait présentent de grands avantages dans les obligations qui ont pour objet une somme d'argent ; les dangers de l'usure en font une matière d'ordre public dans laquelle le législateur doit intervenir. Mais quand il s'agit d'accomplir un fait, de livrer des marchandises, il faut se défier de ces évaluations d'intérêts faites sans discernement, et craindre de donner une prime au dol, à la faute, à la mauvaise foi. D'ailleurs, le danger que nous prévoyons devait disparaître dans la pratique ; il suffit, pour s'en convaincre, de se reporter aux textes si nombreux de Digeste, qui ne sont point contredits par la constitution de Justinien (nous croyons l'avoir démontré), et qui consacrent de la façon la plus formelle le système des actions de bonne foi.

Aussi, ni Dumoulin, ni Pothier ne se sont-ils arrêtés à cette constitution. D'après eux, il faudra seulement que le juge s'inspire des sentiments qui l'ont dictée ; mais il doit garder la plus grande latitude, excepté dans le cas de clause pénale. Tel est le système de notre législation. Donne-t-il le dernier mot du progrès en matière de réparation civile ? Nous ne le croyons pas. Le système des actions de bonne foi sous la procédure formulaire nous paraît préférable, à cause de la séparation du *magistrat* et du *judex*. Nous ne voulons pas entreprendre, à la fin de ce travail, l'étude de l'un des plus grands problèmes législatifs, apprécier les inconvénients et les avantages du jury civil. A cet égard, nous renverrons à la dissertation publiée par M. Bon-

jean dans son traité des actions (1). Enumérant les
cas où le point de fait se présente dégagé de tout al-
liage de droit, ou du moins peut en être facilement
distingué, l'auteur signale spécialement : « les évaluations d'iudemnités et de dommages-intérêts, questions en général si mal résolues par nos tribunaux, et
qui se présentent si souvent et sous des formes si
nombreuses. »

Pour nous, sans être partisan exagéré de l'extension
du jury en matière civile, nous croyons, avec le
jurisconsulte sous l'autorité duquel nous plaçons la
conclusion de cette étude, que l'on pourrait faire
prévaloir avec succès, dans les questions de dommages-
intérêts, des principes qui ont si heureusement triom-
phé, en matière d'expropriation pour cause d'utilité
publique.

(1) T. 1, p. 205 et suiv.

POSITIONS.

DROIT ROMAIN.

I. Lorsque la clause pénale est ajoutée à une transaction, on peut, au cas de contravention à l'obligation principale, exiger la peine et en même temps se prévaloir de la transaction.

II. La véritable obligation corréale ne résulte pas des contrats *bonæ fidei*.

III. La demeure requiert faute.

IV. La règle *dies interpellat pro homine* n'est point étrangère à la législation romaine.

V. La loi 68, D. *De rei vindicatione*, 6, 1, n'a pas subi d'interpolation.

VI. Dans les contrats qui se forment *litteris*, la contre-écriture n'est point nécessaire pour que l'obligation prenne naissance.

VII. La constitution de Justinien sur les dommages-intérêts (*L. unic.*, C. VII, 47) et la loi 13, *Pr.*, D. *De actionibus empti*, 19, 1, peuvent se concilier.

VIII. L'action *præscriptis verbis* est toujours une action de bonne foi.

DROIT FRANÇAIS.

CODE NAPOLÉON.

I. L'art. 1733 C. N. contient, au point de vue de la preuve, une dérogation aux principes du droit commun.

II. L'art. 1734 C. N. n'établit point une solidarité parfaite, entraînant dans les rapports respectifs des co-locataires, l'application de l'art. 1213 C. N.

III. L'art, 1633 C. N. apporte une dérogation au principe général de l'art. 1150.

IV. La vente de la chose d'autrui est nulle en droit français, parce que chez nous *vendre*, c'est transférer sa propriété moyennant un prix.

V. L'art. 322 C. N. n'est point applicable à la filiation naturelle.

VI. Les pères et mères naturels n'ont pas la tutelle légale des enfants qu'ils ont reconnus.

VII. Les descendants légitimes de l'enfant naturel ne peuvent pas, après le décès de ce dernier, et lorsqu'ils ne sont plus considérés comme personnes interposées, recevoir de ses père et mère des libéralités excédant les limites fixées par l'art. 908.

VIII. Un israélite français, en cas de serment décisoire déféré par son adversaire de même religion que lui, n'est point obligé de le prêter *more judaico*, s'il consent à le prêter à l'audience, suivant les formes du droit commun.

IX. La formalité imposée au créancier par l'art. 2148 C. N. d'élire domicile dans l'arrondissement du bureau des hypothèques, n'est point exigée à peine de nullité de l'inscription hypothécaire.

X. Dans les cas où les meubles vendus ont été immobilisés par destination par l'acquéreur, le privilége du vendeur est opposable aux créanciers ayant hypothèque sur l'immeuble auquel sont attachés les meubles immobilisés.

CODE DE PROCÉDURE CIVILE.

Les jugements de défaut congé, prononcés contre le demandeur, passent en force de chose jugée, lorsqu'ils ne sont attaqués ni par opposition, ni par appel.

DROIT PÉNAL.

L'art. 58 C. pén., sur la récidive, modifié par la loi du 13 mai 1863, n'est pas applicable à l'accusé coupable d'un crime qui ne devient passible de peines correctionnelles qu'à raison de l'admission en sa faveur de circonstances atténuantes.

DROIT COMMERCIAL.

Le donneur d'ordre, dans une lettre de change, n'est point l'obligé direct des tiers porteurs.

DROIT ADMINISTRATIF.

L'administration, après avoir traité à l'amiable avec le propriétaire d'un immeuble, est obligée de remplir les formalités d'expropriation à l'égard du locataire qui ne consent pas à une résiliation amiable de son bail.

DROIT INTERNATIONAL.

Un état neutre ne viole pas la neutralité en laissant construire, dans un de ses ports, un navire de guerre au profit de l'une des puissances belligérantes.

Vu par le doyen de la Faculté,   *Le président,*

C.-A. PELLAT.   CH. DEMANGEAT.

Permis d'imprimer :

Le vice-recteur,

A. MOURIER.

Paris. — Imprimerie de E. DONNAUD, rue Cassette, 9.

9 782019 289423